L'INCONNAISSABLE

SA MÉTAPHYSIQUE — SA PSYCHOLOGIE

PAR

E. DE ROBERTY

PARIS

ANCIENNE LIBRAIRIE GERMER BAILLIÈRE ET Cⁱᵉ

FÉLIX ALCAN, ÉDITEUR

108, BOULEVARD SAINT-GERMAIN, 108

1889

L'INCONNAISSABLE

SA MÉTAPHYSIQUE — SA PSYCHOLOGIE

AVANT-PROPOS

Cette courte étude forme la continuation naturelle de l'œuvre de critique psychologique et sociologique, dont les linéaments généraux ont été donnés dans l'ouvrage intitulé : *L'Ancienne et la Nouvelle philosophie*.

Ce travail n'a rien de dogmatique. Il s'adresse à tout le monde, il prétend franchir le cercle étroit des penseurs de profession. Du reste, comme je le dis formellement dans la conclusion de ce livre, il ne faut y voir qu'une première tentative précédant la solution définitive qui sera trouvée tôt ou tard.

E. DE R.

Paris, le 4 février 1889.

L'INCONNAISSABLE

SA MÉTAPHYSIQUE — SA PSYCHOLOGIE

INTRODUCTION

I

Dans mon livre : *L'Ancienne et la Nouvelle philosophie*, j'ai posé et essayé de démontrer un certain nombre de thèses, dont je rappelle ici les plus importantes, car elles vont me servir de point d'appui :

1. De même qu'il y a une série de variations et de transformations qui constituent ce qu'on est convenu d'appeler l'évolution organique des êtres vivants, il existe une série de variations et de transformations qui donnent l'évolution hyperorganique des idées dans le temps. La première de ces séries appartient aux sciences biologiques, la seconde à la sociologie.

2. L'étude de l'évolution des espèces idéologiques, si l'on peut s'exprimer ainsi, est basée, comme toute étude sociale, sur cette partie de la science de la vie qui,

sous le nom de physiologie du cerveau ou psychophysiologie, découvre les lois des éléments biologiques (matériels ou mécaniques) auxquels se réduisent, en dernière analyse, les phénomènes psychiques complexes. Mais ces phénomènes tels quels doivent leur origine à l'intervention, dans le monde biologique, des actions, influences ou conditions sociales, et à la rencontre des lois qui régissent ces deux ordres de faits. Voilà pourquoi ils peuvent encore former l'objet d'une science *concrète* ou dérivée, en ce sens qu'elle ne fait qu'étudier les lois des *effets* produits par l'action combinée des lois qui régissent les *causes* psycho-physiques et sociologiques. C'est la psychologie proprement dite, avec son champ si immensément vaste de la vie psychique constamment modifiée au contact de la vie sociale.

3. La psycho-physiologie, ou psychologie abstraite, et la sociologie sont deux sciences en voie de formation ; la psychologie concrète est un amas d'observations et d'hypothèses où les vraies méthodes scientifiques feront défaut tant que durera l'état d'enfance des deux sciences abstraites qui la constituent.

4. A côté des recherches psychophysiologiques se place donc, tout naturellement, l'étude sociologique des lois de l'évolution hyperorganique, c'est-à-dire de la variation et de la transformation des phénomènes psychiques complexes.

5. Les conceptions théologiques et les systèmes philosophiques forment une catégorie à part parmi ces phénomènes psychologiques d'ordre mixte. Ce sont là deux variétés d'une même espèce idéologique, qu'on peut ramener à l'action d'une seule loi très générale d'évolution.

6. Le problème sociologique qui a pour but cette ré-

duction et la recherche de cette loi, se pose en ces
termes : Étant données les premières notions générales
qui ont jailli du cerveau de nos ancêtres sauvages, —
indiquer les conditions, les actions et les influences
sociales, statiques et dynamiques, qui ont imprimé une
impulsion déterminée à ces germes primitifs, qui les ont
groupés, associés et dirigés de telle ou telle façon et
dans tel ou tel sens, qui sont souvent même parvenus
à les modifier d'une manière profonde et durable, et qui,
en définitive, ont produit, avec ces matériaux presque
entièrement biologiques, des phénomènes nouveaux, particuliers, qu'on ne rencontre jamais en dehors de l'intervention des lois sociales, pas plus qu'on ne rencontre, en
dehors de l'action des lois biologiques, les phénomènes
spéciaux que les conditions organiques produisent avec
des matériaux d'ordre physico-chimique.

7. La formule la plus générale qui, résultant d'une
telle recherche, contient, résume et explique tous les
faits de cette vaste série mentale, toutes les variations
subies, toutes les transformations accomplies, qui s'étend,
d'ailleurs, à l'avenir le plus reculé aussi bien qu'au
passé le plus lointain, est celle qui relie, par un rapport
étroit de causalité, tous ces phénomènes si divers : religions, systèmes métaphysiques du passé, conceptions
actuelles de l'univers et conceptions futures, à un fait
social très complexe, constituant à la fois un produit
remarquable et un agent puissant de l'évolution collective : l'état du savoir positif à chaque époque donnée.
Aisément vérifiée par les faits de filiation historique qui
forment le véritable objet des études sociologiques, cette
grande loi, à laquelle nous avons donné le nom de *loi de
corrélation entre les sciences et la philosophie,* se vérifie
encore, comme toutes les bonnes généralisations socio-

logiques, par ce fait fondamental et certain de la psycho-
physiologie : que nos idées viennent de nos sensations,
et que nos conceptions générales sont tirées de nos conceptions particulières.

8. Puisque tout changement dans la cause détermine
un changement proportionnel dans l'effet, que toute modification profonde dans nos connaissances particulières
entraîne une modification profonde dans nos conceptions
philosophiques, et que les altérations les plus durables
enregistrées par l'histoire des sciences se rapportent
à la création de nouvelles branches du savoir abstrait,
on en peut déduire une division de la grande série hyperorganique des conceptions d'ensemble en deux phases
évolutives distinctes : celle qui précède et celle qui suit
l'achèvement du cycle entier des sciences abstraites. La
première comprend tout le passé et s'étend jusqu'au
présent. C'est l'ère de la philosophie hypothétique, dans
laquelle on déduit, de connaissances qui ne sont pas
encore scientifiques, — et précisément à cause de cela —
un point de vue général fondé tout entier sur la méthode
hypothétique. La seconde appartient à l'avenir. Ce sera
l'ère de la philosophie scientifique qui différera de la
philosophie hypothétique au moins autant que la science
faite diffère des connaissances confuses, incertaines et
contradictoires qui la précédaient. Dans cette phase, on
déduira, de connaissances devenues pleinement scientifiques, un point de vue général fondé sur des faits et
des rapports vérifiés.

9. Les idées religieuses sont cette partie de la philosophie hypothétique qui, correspondant à la phase
initiale de l'évolution, n'admet qu'une classe générale
ou *un type* d'hypothèses : l'automorphisme et ses innombrables variétés.

10. Cependant, par suite de phénomènes d'hérédité et d'atavisme qui accompagnent la transmission historique des idées, et d'autre part, sous l'influence encore plus nettement sociologique, de l'hétérogénéité du corps social et de l'inertie propre à ses couches profondes, les religions continuent à exister, et souvent même à prospérer, dans les périodes suivantes, dans lesquelles elles se rapprochent toutefois insensiblement des idées métaphysiques, sous leur forme idéaliste.

11. Les idées métaphysiques constituent cette partie de la philosophie hypothétique qui correspond à une phase ultérieure et plus différenciée de l'évolution, alors que le cycle complet du savoir abstrait présente encore des lacunes importantes et que ses branches constituées n'ont pas atteint leur pleine maturité. La métaphysique est une atténuation considérable de l'automorphisme primitif, due exclusivement au contact des idées scientifiques qui se multiplient et se répandent de plus en plus. En stricte conformité avec la différenciation fondamentale de ces idées, et leur répartition dans trois grandes classes qui correspondent aux trois groupes irréductibles de phénomènes qu'elles servent à exprimer, — le monde inorganique ou physico-chimique, le monde organique ou biologique, et le monde hyperorganique ou psycho-social, — la métaphysique admet trois grandes classes d'hypothèses ou trois types d'explication de l'univers : la conception matérialiste, la conception sensualiste et la conception idéaliste. La *loi des trois types* régit donc toute cette phase de l'évolution, et sert de base à une classification rationnelle et essentiellement sociologique des différents systèmes qui s'y sont produits.

12. La célèbre loi des trois états est une généralisation empirique qui non seulement n'explique pas les

faits, mais encore les interprète d'une façon absolument opposée à la vérité. Elle intervertit la succession causale des phénomènes qu'elle décrit d'ailleurs très superficiellement, et s'appuie sur deux erreurs : la théorie métaphysique de l'inconnaissable, et la confusion de l'hypothèse philosophique, essentiellement invérifiable, avec l'hypothèse scientifique, qui peut toujours être vérifiée.

13. L'explication psychologique des mèmes faits, à laquelle recourent la plupart des philosophes modernes, est prématurée, car elle ne peut être fondée que sur la connaissance exacte des lois sociales qui interviennent dans l'action des éléments psychiques et la modifient profondément. Elle est fausse, en tant qu'elle refuse de reconnaître le caractère sociologique des grands mouvements intellectuels qui se produisent au sein des collectivités humaines.

14. La loi de corrélation et la loi des trois types possèdent de nombreux corollaires, dont voici quelques-uns des plus importants. — La tendance qui pousse l'esprit à se saisir de l'ensemble des phénomènes, loin d'être la cause directe des erreurs philosophiques, n'est autre chose, sociologiquement parlant, que le développement même de la science, qu'un acheminement lent et compliqué vers une conception générale de la nature. — La prédominance illégitime accordée au point de vue qui appartient à un groupe particulier de sciences, détermine exactement le genre et l'espèce d'une conception métaphysique quelconque. — L'évolution réelle des idées philosophiques s'est toujours effectuée au sein des sciences spéciales : c'est là que prenaient naissance les hypothèses de la philosophie; et c'est là également que se manifestait leur impuissance radicale. — Les systèmes en apparence les plus opposés de la métaphysique sont des exagé-

rations exclusives, des pôles contraires d'un même état mental, et ses directions fondamentales sont des variétés d'un même degré de développement, se distinguant nettement lorsqu'on les considère aux points de départ, mais se délimitant difficilement lorsqu'on les envisage dans leurs résultats. — L'idée *a priori* s'assujettit inconsciemment aux conditions mêmes qui gouvernent l'idée *a posteriori ;* car, loin de pouvoir embrasser tous les phénomènes, la première ne se saisit que de ceux d'entre eux qui, dans les sciences spéciales, sont généralisés par la seconde. Elle n'est donc qu'une forme de la grande illusion qui domine l'histoire intellectuelle de l'humanité et consiste dans la confusion du particulier avec le général et du concret avec l'abstrait. — Deux courants parallèles résument l'histoire de l'ancienne philosophie : le premier tend à transformer les systèmes métaphysiques en philosophies particulières de groupes plus ou moins considérables de sciences, le second porte ces philosophies elles-mêmes à se cantonner de plus en plus dans les limites étroites des connaissances anthropologiques. — L'influence des idées philosophiques, des plus fausses comme des plus vraies, sur les idées scientifiques ne dépasse jamais les limites de la réaction naturelle qu'un effet exerce sur sa propre cause.

15. Des influences sociales identiques ou semblables à celles qui assurent la survivance des idées religieuses et les perpétuent à certains niveaux sociaux, agissent de même à l'égard des idées métaphysiques ; malgré les violentes attaques qu'elles subissent depuis si longtemps, ces idées conservent encore beaucoup de leur ancienne vigueur, et il est facile de prévoir qu'à une certaine époque qui coïncidera avec la constitution définitive d'un

nouveau type philosophique, elles dépouilleront de plus
en plus leurs formes sévères et abstruses, se vulgarise-
ront et pénétreront dans les couches sociales qui leur
demeuraient étrangères et où elles prendront insensiblement la place des idées religieuses. Nous assistons actuellement au commencement de ce grand mouvement [1].

16. En considérant la vulgarisation croissante des
idées métaphysiques et l'éclosion des modernes systèmes
scientifiques, qui ne sont que la conséquence immédiate
des'progrès récents des sciences biologiques et sociales,
on peut conjecturer le passage de la philosophie du
demi-savoir fragmentaire à la philosophie des sciences
définitivement constituées. Ces conceptions d'ensemble se
donnent pour principale tâche la critique des anciennes
interprétations hypothétiques de l'univers. Les meilleures
d'entre elles ne se bornent pas toutefois à ce simple dé-
blayement du terrain philosophique, elles s'emploient encore à écarter le plus puissant obstacle qui barre la route
à la nouvelle philosophie — l'insuffisance des matériaux
fournis par les sciences particulières. Cette insuffisance
offre présentement un double caractère : elle comprend
l'achèvement de la série des sciences fondamentales par
la constitution définitive des deux sciences connexes, la
psychologie physiologique et la sociologie, et l'établisse-
ment d'une série complète de philosophies particulières

---

[1] L'expansion de certaines classes d'idées, à la veille de l'avène-
ment d'une espèce idéologique supérieure, est d'ailleurs un fait
sociologique constant qui a la valeur d'une loi générale. C'est ainsi,
pour ne citer que deux exemples, que l'introduction du monothéisme fut précédé de la conversion en masse, aux idées poly-
théistes, de milieux sociaux fétichistes, et que la formation de
saines doctrines sociales peut être augurée aujourd'hui de la rapi-
dité même avec laquelle certaines idées incomplètes se répandent
dans le peuple. ·

pour toutes les sciences abstraites. Car ce sont ces deux couches superposées du savoir spécial qui forment la base solide sur laquelle pourra s'édifier la philosophie générale [1].

17. La vérité et l'erreur ont une même origine physiologique; mais la téléologie de l'erreur est aussi absurde que les autres téléologies. La psychophysique moderne tend, d'ailleurs, à démontrer que toute vérité a pour source une vérité antérieure, et jamais une erreur, comme on le croit communément en prenant l'antécédent pour la cause. Ce n'est donc pas la métaphysique qui produit la philosophie scientifique, mais bien les vérités particulières qui ont été ses points de départ et qu'elle a toujours systématiquement dénaturées. Cela est si vrai, que la métaphysique ne saurait être taxée d'erreur si elle n'avait avec la philosophie des sciences cette communauté d'origine, et que la nouvelle philosophie, à son tour, ne pourrait pas être la vérité, si elle ne poursuivait pas le même but que la métaphysique. Au surplus, le même fait, dépendant d'une loi unique, se manifeste aussi bien pour les sciences qui, dans leur évolution, s'appuient sur les vérités démontrées dans les branches immédiatement antécédentes du savoir.

18. La philosophie la plus parfaite qu'on puisse prévoir, ne sera néanmoins jamais qu'une fonction complexe de la somme de savoir acquise à une époque donnée, et des autres conditions de la civilisation. Fondée sur le cycle complet du savoir abstrait, elle ne peut for-

---

[1] Tout fait présumer du reste, que la période de transition aura une longue durée. Le dépérissement de la métaphysique, comme celui de la religion, pourra se prolonger indéfiniment; les idées métaphysiques persisteront tant que la constitution hétérogène des sociétés présentera des groupes pour lesquels ces illusions continueront à être une nécessité intellectuelle ou morale.

cément ni se confondre avec lui, ni en former une partie ; elle restera donc toujours ce qu'elle a été : une *synthèse* supérieure, une sorte de *conscience scientifique* réunissant les membres épars du savoir particulier en un *tout compréhensif et intelligible*. Et de même que le point culminant de la conscience organique se trouve être naturellement situé entre les extrêmes de l'unité pure et de l'incoordination absolue, la forme la plus haute de la conscience hyperorganique, la philosophie des sciences, — l'étude sociologique des systèmes du passé tend à le prouver de plus en plus — doit nécessairement occuper la même position.

19. Trois erreurs importantes signalent la plupart des théories philosophiques de la connaissance. La première consiste à croire que l'esprit humain ne reconnaît des bornes à ses efforts, que lorsqu'il se trouve en face des lois de la nature qui lui paraissent irréductibles et inexplicables. En réalité, la reconnaissance des limites imposées à notre savoir n'est pas moins complète et décisive aux époques qui réduisent les phénomènes à l'action, soit d'une volonté anthropomorphe surnaturelle, soit d'un ou de plusieurs principes hypothétiques quelconques ; notre esprit n'explique pas plus cette volonté et ces abstractions que les rapports et les lois naturelles qui les remplacent plus tard.

Une seconde erreur consiste à transformer les données éparses que l'observation nous fournit sur les limites physiologiques de la connaissance, et jusqu'à la simple opposition empirique du sujet et de l'objet, en une hypothèse universelle ou philosophique, connue sous le nom de théorie de l'inconnaissable. Le problème élémentaire et très spécial de la distinction et de la description des éléments constituants de nos représentations devient de la sorte la pierre angulaire d'une conception systématique du monde.

Une troisième erreur, enfin, consiste à confondre la notion scientifique de l'irréductible, toujours particulière et soumise au verdict de l'expérience, avec le concept philosophique de l'inconnaissable, hypothèse universelle et invérifiable.

20. La genèse du concept de l'inconnaissable est un fait qui appartient plus encore à la sociologie qu'à la psychologie biologique, car ce sont des nécessités d'ordre sociologique qui forcent, à certaines époques, les esprits à transformer constamment l'inconnu en inconnaissable, le non-vérifié en invérifiable ; qui ne leur permettent pas de se rendre compte de la contradiction profonde inhérente au concept même de l'inconnaissable ; qui les empêchent de voir que ce concept est un attribut général des choses apparaissant infailliblement chaque fois qu'une supposition quelconque est arrachée à la science, son vrai terrain, et transportée dans le domaine de la philosophie.

II

Je ne me fais aucune illusion sur la valeur réelle de la plupart de ces thèses. Elles sont et resteront longtemps encore peut-être, de simples suppositions, destinées à orienter quelques esprits, à faire surgir des recherches.

Il y a pourtant entre les propositions que je viens de résumer une liaison évidente. Elles se soutiennent mutuellement, et la vérification des unes entraîne forcément celle de la plupart des autres. Cela

suffirait-il pour y apercevoir les éléments d'une
nouvelle construction philosophique ? Je ne le crois
pas ; et d'ailleurs, toute tentation de ce genre me serait radicalement interdite en vertu de l'une de mes
thèses, la plus importante peut-être, au point de vue
pratique. Les systèmes philosophiques, comme les
religions, ont vécu ; la philosophie est à faire, en
entier, de tout point, comme du temps de Képler, il
restait à faire la chimie, du temps de Gassendi, la
biologie, et à notre époque, la sociologie et la psychologie concrète. Il y a plus : la formation d'une
philosophie vraie, d'une conception scientifique du
monde admise sans conteste par tous les esprits, doit
être envisagée comme la conséquence directe et nécessaire d'un haut degré de perfection des deux
sciences que je viens de nommer. C'est en me plaçant
à ce point de vue, que j'ai pu m'imposer, dans l'*Ancienne et la Nouvelle philosophie,* la tâche souvent
ingrate du sociologiste, mais non le labeur stérile à
tous les égards, du philosophe.

Dans l'étude actuelle, je me propose un double
but, l'un secondaire, l'autre principal. Le premier
consistera à développer quelques-unes des thèses
indiquées plus haut, en essayant de les vérifier
par tous les moyens qu'offre l'analyse psychologique
à laquelle j'aurai souvent recours ici. Le second
sera l'examen spécial de la question de l'inconnaissable.

L'étude de cette question s'impose comme le com-
plément indispensable des théories que j'ai défen-
dues dans mon précédent ouvrage, et des deux
grandes lois sociologiques que je crois avoir, le
premier, nettement formulées. Il s'agit maintenant,

pour moi, de reprendre, au double point de vue de la psychologie scientifique et de la sociologie, le problème vainement agité par la philosophie, et sinon d'arriver à sa solution définitive, ce qui aujourd'hui offrirait encore des difficultés à peu près insurmontables, du moins de démontrer clairement le mal fondé, en science et en bonne logique, des hypothèses purement philosophiques qui ont seules régné jusqu'ici.

A cette intention répond le sous-titre de mon travail. Certes, en présence des innombrables obstacles qui barrent la route du psychologiste et du sociologiste, j'ai voulu indiquer plutôt des tendances que des efforts réalisés ou couronnés de succès. Cependant ce titre est une réponse à la question : qui êtes-vous et d'où venez-vous ? et indique du moins la provenance des idées. Je reconnais, d'ailleurs, volontiers la part de vérité contenue dans l'opinion très répandue qui veut que tout système philosophique soit jugé par sa théorie de la connaissance. Non pas que celle-ci doive être envisagée comme la clef de voûte qui soutient et affermit toutes les autres parties d'une conception systématique du monde ; mais elle est, dans chaque système, la base du côté subjectif, le mot de l'énigme individuelle, le coefficient de l'équation personnelle. D'autre part, les théories de la connaissance les plus diverses, quoiqu'elles se soient présentées comme des systèmes philosophiques, ont toujours été ce qu'est ce livre, de simples études analytiques dans le champ de la psychologie concrète. Pareils en cela au personnage de Molière, les philosophes ont souvent fait de la sociologie sans le savoir ; mais si la prose de M. Jourdain se ressentait peu de son inconscience, la sociologie inconsciente des métaphysiciens a toujours été radicalement insuffisante.

Mais pourquoi, dira-t-on, le problème de l'inconnaissable, au lieu du problème plus simple, plus facile et plus intéressant, semble-t-il, de la connaissance ? Par une raison péremptoire : les deux problèmes n'en ont jamais fait qu'un jusqu'ici pour la philosophie, assumant le rôle et remplissant la fonction de science spéciale de l'esprit. Toutes les théories de la connaissance sont, au fond, des théories de l'inconnaissable, des spéculations sur les limites du savoir humain. Ces bornes étaient métaphysiques, donnant immédiatement naissance au concept de l'inconnaissable, elles n'étaient nullement psychiques et sociales, aboutissant aux lois et aux conditions qui règlent le fait complexe, cérébral et social à la fois, de la connaissance. Ces lois et ces conditions demeurant inétudiées et complètement inconnues, il ne restait plus qu'à torturer le sens des termes contradictoires : connaissable et inconnaissable, réel et irréel, concevable et inconcevable, c'est-à-dire, selon une heureuse expression de M. Taine, « à souffler des ballons que la grammaire crève avec une épingle ». C'est ce que firent les philosophes de toutes les écoles.

Sans remonter aux sophistes, à la caverne allégorique de Platon, à la critique plus sérieuse, quoique toujours purement grammaticale, d'Aristote, ni s'attarder au célèbre malentendu entre nominalistes, réalistes et conceptualistes du moyen âge, sans même s'arrêter aux apparences brillantes, aux formes quelquefois originales, souvent hardies, que l'agnosti-

cisme primitif, devenu une diathèse de la raison rai-
sonnante, revêtait sous la plume des plus grands
esprits du xviie et xviiie siècle, et pour ne parler que
des temps plus rapprochés, et des courants les plus
remarquables de la pensée moderne, n'est-il pas
permis de se demander si la majeure partie de l'œuvre de Kant et de tous ses disciples, n'est pas une
vaste, une interminable théorie de l'inconnaissable?
Qu'est-ce encore que la moitié de l'œuvre de Spencer,
sinon une théorie, extrêmement prolixe, sur le même
sujet? Qu'est-ce, enfin, qu'une part notable de l'œuvre de Comte, sinon toujours et quand même une
profession du grand principe agnostique? Tous, depuis les vieux et naïfs poseurs d'énigmes sur la
nature de l'air et du feu, jusqu'aux esprits inconsciemment religieux de notre époque, s'arrêtent au
seuil même de la théorie de la connaissance, n'y pénétrant que fortuitement, par hasard, et pour en
ressortir aussitôt. La plupart des problèmes de la
philosophie—et particulièrement ceux qu'on ne laisse
circuler dans le public qu'avec l'épithète préventive
de « grands » ou de « formidables » — se rangent
d'eux-mêmes sous une seule rubrique, car ils ne
sont que des variétés, des manières d'être différentes
de l'unique et toujours insoluble question. En somme,
si on a souvent répété que la philosophie n'était
qu'une théorie de la connaissance, on n'a pas assez
dit que cette théorie s'occupait très peu des conditions de la connaissance, et qu'elle était, avant tout,
la théorie de l'inconnaissable.

On voit facilement l'importance exceptionnelle de
ce sujet d'études, qui nous transporte au cœur même
de ce qu'on a toujours appelé la *philosophie*. L'in-

connaissable, comme j'espère le démontrer dans le courant de ce livre, c'est toute la religion et toute la métaphysique. Cette importance est et restera d'ailleurs purement négative, tant qu'on continuera à *philosopher* sur l'inconnaissable et son opposé, le connaissable, tant qu'on voudra, tout en *n'étant pas, être quand même*, ou, pour employer une comparaison très claire, tant qu'on voudra, étant pauvre, s'offrir le luxe le plus raffiné du millionnaire, — tant que la psychologie et la sociologie, qui ne sont même pas des demi-sciences, s'efforceront de faire, sous le couvert de la philosophie, ce que peuvent à peine se permettre les plus vieilles disciplines, si riches en vastes et puissantes généralisations. Mais les résultats obtenus pourront changer du tout au tout, si la psychologie scientifique — on en est encore à employer ce pléonasme, tellement cette branche du savoir a été malmenée par les philosophes, — si la psychologie, dis-je, au lieu de courir, déguisée en science générale, à la conquête de l'univers, se borne à retourner modestement à l'école primaire des faits. Il faut pour cela que, sans crainte des mots, elle applique aux deux problèmes connexes de la connaissance et de l'ignorance les méthodes ordinaires du savoir particulier, et surtout qu'au lieu de s'allier à la philosophie qui est une non-valeur, elle appelle à son aide la sociologie qui, étudiant les hypothèses ontologiques et les croyances de l'humanité comme de simples faits sociaux, pourra seule la prémunir contre les innombrables atavismes de la pensée et toutes les inconscientes obsessions du passé. Ce livre est un effort, jusqu'ici à peu près isolé, tenté dans cette direction.

III

Les débuts de l'homme sur la scène du monde furent signalés par une ignorance profonde, une nuit intellectuelle complète. Ceux qui accordent ce point — et je crois qu'il a la rare fortune de rallier tous les esprits — s'empressent cependant presque toujours de placer en regard de ce *dénûment* initial, un certain *avoir* constitué par les passions et les sentiments qui naissent et meurent avec l'humanité qu'ils caractérisent. Or, parmi ces sentiments il y a un groupe — l'orgueil et ses congénères — qui devait surtout provoquer l'esprit au jeu des contrastes si aimé des poètes. L'orgueil, qu'on rendit pour la circonstance « désordonné », marchant de pair avec l'ignorance « abjecte », fut, à cet égard, une véritable trouvaille. La poésie s'en empara et nous joua son tour habituel : une puissante association mentale qui se transforma insensiblement en un rapport de coexistence nécessaire, fut établie entre deux choses non seulement dissemblables, mais encore antagonistes. La raison vulgaire, le savoir vulgaire et la philosophie qui n'a jamais été, comme nous l'avons montré ailleurs [1], qu'une forme élevée de l'une et de l'autre, s'inspirèrent de l'association créée par l'esprit poétique et l'appuyèrent de leur autorité encore incontestée à cette époque. On ignorait, ou à peu près, le procédé que la science emploie en pareil cas,

---

[1] *Ancienne et Nouvelle philosophie,* passim.

on ne savait pas qu'il importait de se méfier de
l'imagination qui crée des coexistences et des suc-
cessions factices, et qu'il fallait s'en tenir aussi longtemps que possible aux différences sensibles des
choses, laissant à la recherche patiente le soin de
réunir ces oppositions en une généralité abstraite
plus haute, qui ne parvient cependant jamais à effa-
cer complètement leur dissemblance concrète. Quoi
qu'il en soit, on opposa si souvent le déficit à l'a-
voir, le passif à l'actif, chez l'homme des premiers
âges et chez ses descendants qui ne lui ressem-
blèrent que trop à cet égard, et dans cet actif on
fit si bien son choix, que ce n'est plus entre l'humilité et l'ignorance, mais bien entre l'orgueil et la
nescience qu'on établit à la longue cette indissoluble
association mentale qui suffit pour expliquer une
bonne partie de nos croyances actuelles les plus
invétérées.

Tel semble être le cas de la doctrine pure de
l'agnosticisme moderne. L'agnosticisme, nous le verrons plus loin, est une illusion très complexe qui a
pour racines un grand nombre d'illusions plus
simples, dont quelques-unes sont de nature psychique, les autres ayant un caractère nettement social. L'illusion élémentaire signalée plus haut se
range nécessairement dans la première catégorie ;
elle est une de ces causes qu'on appelle petites et qui,
affirme-t-on, produisent les plus grands effets. Or, il
y a longtemps qu'on a dit avec raison qu'il n'y avait
pas de petites causes, et qu'elles ne nous paraissaient
telles que dans la mesure exacte de l'altération consciente ou inconsciente que nous faisons subir à la
nature réelle de leurs conséquences. De sorte que si

l'agnosticisme était considéré non comme une grande et féconde vérité, mais comme un état mental passager de l'humanité en quête d'une conception juste et durable de l'univers, il n'y aurait rien de plus naturel et de plus légitime que de s'efforcer de le rattacher à une illusion tout à fait élémentaire et, par suite, fondamentale de notre esprit.

« L'homme, nous dit formellement Comte, a d'abord envisagé les problèmes solubles comme indignes de lui; il s'est proposé les plus inaccessibles, tels que la nature des êtres, l'origine et la fin des phénomènes [1]. » On voit distinctement poindre ici l'association mentale entre l'ignorance, ce fait brut qui sert de point de départ à toute l'évolution sociale ultérieure, et certains sentiments ou, comme on disait si bien autrefois, certains *mouvements* de l'âme humaine, observés directement chez les contemporains. Il y a dans la tendance à lier ces deux groupes de faits un germe avéré d'anthropomorphisme. Il semble également intéressant de remarquer jusqu'à quel point, dans la phrase citée qui est absolument typique, — Comte s'y faisant l'écho fidèle d'une opinion très répandue — l'orgueil devient le synonyme de l'ignorance. Cela est tellement vrai, qu'on ne fait que traduire littéralement la pensée du fondateur du positivisme, quand on dit que l'orgueil de l'homme a inventé les dieux et créé les entités métaphysiques. Mais écoutons encore Comte, ce qui est toujours instructif. « On conçoit aisément, dit-il, la raison de ce fait (la préférence accordée d'emblée aux problèmes insolubles); car, c'est l'expérience seule qui nous a

---

[1] *Cours*, résumé par J. Rig, I, 4.

fourni la mesure de nos forces ; et, si l'homme n'avait commencé par en avoir une opinion exagérée, il n'aurait pu les développer. » Creusant davantage ce sillon qui devait donner bientôt, dans la littérature philosophique, une si riche moisson, Comte ajoute : « Au point de vue pratique, ces recherches primitives offrent à l'homme l'attrait d'un empire illimité à exercer sur le monde extérieur, envisagé comme destiné à son usage. Or, sans ces espérances chimériques, sans ces idées exagérées de son importance dans l'univers, on ne pourrait pas concevoir que l'esprit humain se fût déterminé primitivement à de pénibles travaux. Notre raison est maintenant assez mûre pour que nous entreprenions de laborieuses recherches scientifiques, sans avoir en vue aucun but étranger, capable d'agir fortement sur notre imagination, comme celui que se proposaient les astrologues ou les alchimistes [1]. »

Pour ma part, je crois que ce qui a poussé l'esprit aux constructions, d'abord théologiques, ensuite métaphysiques, ce n'est pas l'opinion exagérée qu'il avait de ses forces, mais la nécessité déterminée, en première ligne, par des conditions économiques et sociales, de combler les lacunes nombreuses du savoir. La loi de corrélation entre les sciences et la philosophie et la loi des trois types de la métaphysique servent d'expression exacte à cette liaison entre des groupes de faits qui sont essentiellement du même ordre. L'impérieux besoin de « boucher les trous les plus béants » de la connaissance humaine, à l'aide d'hypothèses que leurs premiers inventeurs

---

[1] *Cours*, p. 5.

croyaient plus ou moins sincèrement être des révé-
lations venues d'en haut, loin de faire naître les
sentiments décrits par Comte, se présente comme
une preuve irrécusable de cette conscience d'une
énorme disproportion entre les moyens intellectuels
et la tâche à accomplir, qui est la vraie base du
sentiment religieux. Je crois, en un mot, que ce n'est
pas l'orgueil humain qui a. fait si longtemps tourner
le soleil autour de la terre, comme on le répète
constamment, mais tout simplement l'imperfection
prolongée des méthodes et des instruments astronomiques et physiques. L'homme a certainement dû
commencer par avoir une très faible opinion des
forces de son esprit, je ne m'explique pas autrement
son abjecte sujétion théologique ; et ce n'est qu'au fur
et à mesure des progrès du savoir qu'il a vu grandir
et s'accroître sa confiance en lui-même. Ni les aberrations scientifiques, ni les aberrations métaphysiques
ne contredisent cette thèse ; encore moins peut-on lui
opposer les aberrations théologiques qui se résument
toutes en ce pitoyable cri d'humilité convaincue :
credo quia absurdum. Il serait grand temps, d'ailleurs, de s'inspirer en sociologie de certaines vues
très claires et très justes émises pour la première
fois, je crois, par M. Tarde, et de distinguer soigneusement, par exemple, l'état d'esprit des inventeurs
d'absurdités théologiques et métaphysiques, de l'état
mental de la foule docile, servilement confiante et
pouvant, en effet, se sentir flattée par la découverte
d'un dieu, aussi bien que par la constatation de la
position centrale du globe terrestre. Il y a, pour
celui qui sait observer et lire entre les lignes, au fond
de toute construction théologique et métaphysique,

une profonde désespérance, un abandon de soi-même qui va s'atténuant et s'affaiblissant à mesure qu'on s'éloigne du foyer de rayonnement de l'hypothèse. Il y a là peut-être aussi une autosuggestion, une façon de s'illusionner qui de consciente devient de plus en plus inconsciente.

CHAPITRE PREMIER

LES ORIGINES ET LA VALEUR RÉELLE DU CONCEPT DE L'INCONNAISSABLE

I

Après ce préambule indispensable, j'entre dans le vif de la question. Elle me paraît comprendre deux points qui ne sont, au fond, que deux façons différentes de présenter la thèse de la supériorité philosophique de l'agnosticisme.

L'agnosticisme, qui est la croyance des esprits avancés de notre époque, est considéré couramment comme un point d'arrivée, comme le résultat ultime d'une longue évolution mentale. L'inconnaissable, affirment les Kantiens aussi bien que les positivistes, n'était pas reconnu comme tel au début; il serait d'après eux, une acquisition récente de la philosophie.

Cette manière de voir me paraît très juste, tant qu'on ne tient compte que de la morphologie des phases successives que l'inconnaissable a traversées; car il est certain, en effet, que l'agnosticisme moderne ressemble fort peu au fétichisme primitif; il y aurait cependant ici une double réserve historique à faire. Le relativisme a été la doctrine officielle de nombreuses écoles, depuis les anciens sophistes jusqu'aux sensualistes anglais et français des deux derniers siècles ; et d'autre part, l'*acatalepsie* grecque reproduit presque trait pour trait la forme moderne de la doctrine de l'incognoscible.

Mais la thèse devient absolument fausse si l'on aborde le problème par un autre côté, et si l'on décompose le phénomène complexe en ses éléments constituants. Une semblable analyse nous conduit sans peine à la conviction qu'il y a une identité parfaite entre les concepts « centraux » des religions les plus primitives, ou des systèmes métaphysiques les plus arriérés, les plus personnels, et le concept de l'inconnaissable. La foi religieuse ou métaphysique et les croyances de l'agnosticisme nous apparaîtront alors comme des groupes de phénomènes sociologiques parfaitement homologues, remplissant essentiellement les mêmes fonctions et suivant les mêmes lois de métamorphose. On apercevra clairement aussi la double nécessité, psychique et sociale, qui préside à cette transformation incessante d'un fonds commun, à cette production lente de formes d'existence, de doctrines et de croyances de plus en plus variées, à l'aide de la même matière élémentaire. Au lieu de considérer l'agnosticisme comme un point d'arrivée, nous serons ainsi plus portés à n'y voir qu'un point de départ, à l'égard duquel nous nous sommes longtemps étrangement illusionnés par cette simple raison qu'en philosophie, au lieu de marcher en avant, comme dans la science, nous avons toujours piétiné sur place.

L'agnosticisme, dit-on encore, sous sa forme pratique et utilitaire, est le contraire, l'opposé, la *négation* directe de toute religion et de toute métaphysique, puisqu'il renonce à la connaissance de l'absolu et à la recherche des causes premières et finales.

Rien de plus faux, à mon avis, que cette opinion qui jouit, depuis des temps immémoriaux, d'une grande faveur auprès des esprits éclairés. Il y a, certes, eu quelques penseurs qui ne l'ont point acceptée, et je citerai notamment M. Spencer qui a clairement aperçu l'identité fondamentale de toute religion et de tout agnosticisme. Mais, outre qu'il n'étend pas cette vue si juste à la métaphysique qu'il traite avec un suprême dédain, il commet l'énorme faute de prendre l'agnosticisme pour la plus pure expression des doctrines scientifiques, il tombe dans la plus grossière des confusions, et devient, à son tour, la proie de l'antique chimère de la réconciliation de la science avec la religion qui a hanté tant de bons esprits du passé.

L'inconnaissable est pour nous, comme pour M. Spencer, l'âme de toute foi religieuse, mais c'est aussi le principe de toute métaphysique ; et c'est encore, par définition, l'élément fondamental de la philosophie moderne, quel que soit le nom qu'elle porte, positivisme, évolutionnisme, criticisme, et quels que soient les dissentiments des diverses écoles sur des points de doctrine secondaires. L'agnosticisme, loin d'être la négation formelle de la théologie et de sa fille aînée, la métaphysique, n'en est donc que la forme moderne, la descendante directe et l'héritière légitime.

Le surnaturel et l'inconnaissable ne sont que deux

noms différents s'appliquant à un seul et même objet. Qu'il s'agisse de juifs, de chrétiens, de mahométans, de bouddhistes, on trouve partout le même supranaturalisme ; qu'on examine les platoniciens, les péripatéticiens, les stoïciens, les sceptiques, les acataleptiques, les cartésiens, les leibnitziens, les spinozistes, les condillaciens, les kantiens, les hégéliens, les comtistes, les spencériens, on rencontre partout le même agnosticisme. Tous du même avis, quant au fond des choses, tous croyant « que la réalité cachée derrière les apparences est et doit toujours demeurer inconnue [1] ». « Presque tous les penseurs de renom, dit avec raison M. Spencer, ont adhéré à cette conclusion. » C'est aussi l'opinion de Hamilton. « Cette vérité, dit-il, est peut-être, entre toutes, celle que tous les philosophes de toutes les écoles ont répétée à l'envi avec le plus d'harmonie. » Et il cite à l'appui : Protagoras, Aristote, saint Augustin, Boèce, Averroès, Albert le Grand, Gerson, Lion l'Hébreu, Mélanchton, Scaliger, F. Piccolomini, Giordano Bruno, Campanella, Bacon, Spinoza, Newton et Kant. Voilà une liste bien incomplète, bien fragmentaire ; pour l'antiquité, on est surpris de n'y pas voir figurer des agnostiques aussi notoires que les académiciens Arcésilas et Carnéade, et quant aux temps nouveaux, elle oublie les penseurs les plus renommés. Pour la rendre complète, il faudrait y ajouter tous les philosophes et tous les théologiens, car la théorie de l'inconnaissable a fait partie explicitement de presque tous les systèmes du passé, et implicitement de tous, sans exception.

Les mêmes remarques s'appliquent au mysticisme,

---

[1] Spencer, *Premiers principes*, trad. Cazelles, p. 73.

cette forme suraiguë de l'agnosticisme, qui le rattache de la façon la plus étroite au supranaturalisme ancestral. Le mysticisme n'a pas changé, à travers les âges, quant à son fond ; tel il était à l'époque des Alexandrins, s'évanouissant déjà dans l'inconnaissable, dans l'indétermination de la pensée pure, tel il se retrouve au moyen âge, par exemple chez Nicolas de Cues avec son *Deus inscibilis, inattingibilis, inopinabilis, sibi soli notus* ; et tel il est encore de nos jours, soit qu'on nous parle de « faits ultimes incompréhensibles », de « relatif inconcevable s'il n'est pas en relation avec un non-relatif réel » (Spencer), soit qu'on invoque « la double immensité de l'espace sans bornes et de l'enchaînement des causes sans terme, océan qui vient battre notre rive et pour lequel nous n'avons ni barque ni voile, mais dont la claire vision est aussi salutaire que formidable » (Littré).

La religion est un agnosticisme inconscient ; la métaphysique, un agnosticisme demi-conscient ou conscient, selon l'époque et le type des systèmes. S'il y a eu, entre elles, antagonisme et même lutte, cette opposition ne doit être envisagée que comme l'une des innombrables manifestations du progrès historique qui fait partout surgir, dans la nature aussi bien que dans les sociétés humaines, l'actuel du latent et le conscient de l'inconscient. Rien ne paraîtra plus naturel que cette conclusion, si l'on veut considérer que les mêmes causes produisant toujours les mêmes effets, il n'y a qu'à remonter aux causes les plus générales, toujours identiques, pour constater l'identité des effets. Il ne faut pas oublier non plus, qu'on ne saurait tarir la source qui alimente

les religions et les métaphysiques, et passer de
l'ignorance du monde à sa conception scientifique,
sans remplir scrupuleusement toutes les conditions
de cette évolution. Ces conditions ne sont peut-être
pas d'une autre nature que celles qui ont favorisé la
transition de l'astrologie à l'astronomie, ou de l'al-
chimie à la chimie ; — mais il faut évidemment les
connaître.

Comte affirme « que l'intelligence humaine a dû
employer d'abord, pendant une longue suite de siècles, la philosophie théologique comme méthode et
comme doctrine ; que l'entendement humain, con-
traint à ne marcher que par degrés insensibles, a dû,
ensuite, se servir de conceptions intermédiaires d'un
caractère bâtard, propres à opérer une transition ;
que telle a été l'utilité des conceptions métaphysiques
qui, en substituant, dans l'étude des phénomènes, à
l'action surnaturelle directrice une entité correspondante et inséparable, et en subtilisant la notion de
pareils agents jusqu'à n'en faire que les noms abstraits des phénomènes, ont habitué l'esprit à ne considérer que les faits eux-mêmes. » C'est là une description admirablement précise de l'apparence du
phénomène très complexe de la résistance séculaire
que l'état intellectuel primordial, *la constitution naturelle primitive* de l'humanité, oppose aux *variations* infinitésimales, aux *troubles* qui s'accumulent
lentement avant de devenir durables, et, en général,
à tous les *changements* qui forment la trame intime
de l'évolution mentale de l'humanité. Mais Comte
n'a pas saisi le côté essentiel du phénomène qu'il décrit, et cela parce qu'il ne le décomposait pas en ses
éléments, parce qu'il n'en faisait ni la double analyse

psychologique et sociologique, ni la synthèse. Il n'a pas vu qu'il s'agissait là d'un processus variant incessamment dans ses formes, mais demeurant identique au fond, qui est loin d'être terminé et qui ne saurait, en tout cas, finir aussi simplement et aussi facilement qu'il le croyait. Décréter la déchéance des religions et des métaphysiques est très bien, quoiqu'il eût peut-être mieux valu amener cette déchéance par des moyens plus efficaces, la culture intense des sciences mentales et sociales par exemple. Mais se retrouver en présence de mœurs intellectuelles agnostiques, c'est-à-dire éminemment religieuses et métaphysiques, et prétendre que l'agnosticisme tuera la religion et la métaphysique, n'est-ce pas s'abuser étrangement et procéder à la manière des légistes qui font disparaître les abus, en les élevant au rang de lois ; n'est-ce pas faire inconsciemment le jeu de l'adversaire et mériter, dans une large mesure, le reproche de n'avoir accompli qu'une révolution verbale ?

L'agnosticisme, surtout sous la forme que lui a donnée le fondateur de la philosophie positive, a été, certes, comme nous le verrons plus loin, un pas considérable en avant dans une direction dont on aperçoit déjà nettement les lignes générales ; mais je crains bien qu'on ne puisse dire de lui un jour ce que Comte disait, il y a à peine cinquante ans, d'une certaine variété de la métaphysique : « L'unique progrès, dans cette doctrine, consiste à remplacer, pour l'explication des phénomènes physiques et moraux, l'ancienne intervention surnaturelle par le jeu équivalent des entités métaphysiques, concentrées dans la grande entité générale de la Nature, ainsi substituée au Créateur, avec un caractère analogue, et par suite avec une espèce de culte à peu près semblable. Ce prétendu athéisme se réduit presque à inaugurer une déesse, au lieu d'un dieu, pour ceux qui conçoivent comme définitif cet état transitoire. » Ils sont nombreux, aujourd'hui, et fortement armés pour la lutte, ceux qui conçoivent comme définitive la base agnostique imposée par tant d'illustres penseurs à la science aussi bien qu'à la philosophie ; je crois néanmoins qu'ils feraient bien de méditer la boutade profonde de Comte. L'inconnaissable, pris au pluriel, — et c'est la forme que lui donne le fondateur du positivisme qui enseigne le respect absolu des causes premières et finales — possède une évidente liaison avec le polythéisme ; pris au singulier — c'est la forme préférée par Spencer, — ce concept a une connexion non moins manifeste avec le monisme théologique.

II

Deux voies conduisent à l'inconnaissable. L'une a été suivie par l'ancien agnosticisme qui comprend toutes les religions et tous les systèmes purement métaphysiques, l'autre est celle où s'est engagé, sous nos yeux, l'agnosticisme moderne. La première est la recherche des essences et des causes originelles en dehors ou à côté des faits considérés comme leurs manifestations, — l'ancienne psychologie des facultés de l'âme en est un exemple connu. Toute investigation de ce genre aboutissait à donner pour objet à la science, et surtout à la philosophie, une négation, un être qui n'existe pas. La seconde méthode, au contraire, refuse la recherche de ces essences ou de ces causes, et n'admet pas que certains faits constituent toute l'essence d'autres faits et que certaines causes sont les conditions premières d'autres causes qui, toutes. ne sont que des faits. Tout refus de ce genre aboutit à la reconnaissance ouverte et consciente de la même négation.

Cette abstention et la recherche infructueuse à laquelle elle succède, ont toutes deux la même origine. La filiation entre ces procédés est, du reste, évidente, et la plupart des philosophes actuels ne se font pas faute d'avouer ouvertement que c'est l'impuissance manifeste de la métaphysique qui a engendré l'agnosticisme moderne. Ils commettent néanmoins une erreur qui leur eut semblé impardonnable s'il s'était agi d'une descendance purement physique : ils croient que le descendant est d'une autre nature que l'ancêtre. La métaphysique cherchait les causes premières et finales là où elles ne pouvaient se trouver, l'agnosticisme positiviste et criticiste ne les cherche pas du tout; cela n'empêche pas que cette opposition apparente ne soit le plus puissant et peut-être le dernier lien de parenté et de similitude héréditaire qui unisse la philosophie du passé à celle du présent. Poursuivre les essences en s'y prenant mal, ou renoncer à cette poursuite à cause de ces échecs mêmes, c'est, en effet, se retrouver devant la même négation. Entre l'inconnaissable qu'on cherche à rendre connaissable par des procédés extrascientifiques, et l'inconnaissable qu'on ne peut connaître par les méthodes de la science et qu'il faut, par conséquent, abandonner aux méthodes que la science proscrit, la distinction est théoriquement bien subtile ; et quant au point de vue pratique, le premier exemple venu peut nous convaincre que le passé et le présent ont donné, pour certaines questions, des solutions absolument identiques.

Le père est prodigue, le fils, avare ; cela n'empêche pas le même sang de couler dans leurs veines et le même amour du lucre d'être leur vice dominant. Une morale banale peut trouver que le fils intéressé est plus digne que le père dissipateur ; une morale plus haute réprouvera également leur passion commune ; une morale scientifique, sans s'attarder à une réprobation ou à des éloges stériles, expliquera l'unité du mobile qui les fait agir différemment et la nécessité de cette divergence. C'est précisément ce que doit faire une critique vraiment scientifique des concepts du passé ; elle doit puiser ses renseignements aux sources vives de la sociologie, et être, par conséquent, tout autre chose que le criticisme préconisé de nos jours. Une pareille critique mettra, tôt ou tard, en pleine lumière les causes cachées de cette double erreur de l'esprit humain, — recherche d'une chose là où elle n'est pas, et refus systématique de la chercher.

III

Les arguments très spécieux qu'on invoque aujourd'hui en faveur de la vieille croyance à la réalité de l'inconnaissable, sont souvent tirés du domaine des faits étudiés par la science psychologique. Cette circonstance ne modifie toutefois en rien la portée générale de l'hypothèse primitive qui continue à s'étendre à tous les ordres de phénomènes, nous montrant l'inconnaissable partout, en tout, derrière tout. Aussi faut-il prendre grand soin de ne pas confondre l'abstention et l'impuissance prêchées par la philosophie contemporaine, avec la fin de non-recevoir opposée à la recherche systématique des causes dites premières et finales, par une théorie de la causalité qui n'est elle-même qu'une hypothèse strictement particulière, appartenant à la science spéciale de la psychologie.

Cette théorie n'a rien de commun avec l'hypothèse philosophique qui représente les causes premières et finales comme inaccessibles à l'entendement humain. La vanité des recherches ayant pour objet l'origine et la fin absolues des choses, y est fondée exclusivement sur la supposition que notre cerveau fonctionne de manière à ranger les changements perçus en un ordre circulaire, c'est-à-dire sur la supposition, si faussement interprétée par Hume dans le sens d'un phénoménisme sensualiste absolu, que tout événement donné est, en vertu de lois mentales encore peu connues, nécessairement considéré comme la cause de l'événement qui le suit immédiatement, et de toute la série des événements ultérieurs. On en tire la conclusion que chaque fait joue inévitablement, à l'égard de tous les autres, le rôle de cause première ainsi que celui de cause finale.

Il est donc aussi inexact que puéril de soutenir que nous ne pouvons atteindre la cause première d'aucun phénomène. Dans l'hypothèse particulière dont je viens d'indiquer la substance, toute cause devient effet, et tout effet devient cause, de sorte que la recherche de la *cause première* équivaut à la recherche de l'*effet premier*, recherche qui n'a jamais été envisagée comme utopique, puisque les causes dites *secondes* sont, par définition, des effets *premiers*, et ainsi de suite. Dans cette vue, on connaît donc les causes dites premières dès qu'on a mis la main sur les causes dites secondes, et la distinction elle-même ne sert plus guère qu'à exprimer le sentiment subjectif produit en nous par la *circumincession*[1] cérébrale, qui constitue la base hypothétique de cette doctrine. Tout point dans un cercle est un premier point : c'est dans ce sens seulement que la recherche de toute cause première est une pure perte de temps. Il est inutile, étant au cœur d'une place, d'en sortir pour tenter de s'en rendre maître.

IV

Quoi qu'il en soit, d'ailleurs, les théoriciens de l'inconnaissable sont loin d'entendre les choses de cette façon. Les penseurs les plus méritants de notre époque ne se sont jamais élevés au-dessus de cette conception banale de l'histoire de la métaphysique qui en fait l'histoire des oscillations continuelles dues à l'action de deux forces contraires — l'opinion

---

[1] Terme par lequel les théologiens désignent l'existence des personnes de la Trinité les unes dans les autres (LITTRÉ, *Dictionnaire*), et que le P. Gratry a appliqué, par analogie, aux diverses facultés de l'âme (DEREPAS, *Les théories de l'inconnaissable*).

qui réclame pour la connaissance humaine une puissance sans bornes, et la vue directement opposée qui va jusqu'à nier la possibilité de toute connaissance vraie. Mais laissons parler M. Spencer qui, parmi les modernes, a le plus brillamment soutenu cette thèse. Après avoir énergiquement flétri la métaphysique comme une longue maladie du langage, et après avoir accusé les systèmes antiréalistes de n'avoir jamais été que des fabriques de pseudo-idées, M. Spencer continue ainsi :

« Ces aberrations compliquées de la raison ont été le cortège obligé d'un criticisme légitime et, à vrai dire, nécessaire. Le réalisme grossier réclamait dans la connaissance un territoire illimité, qui dépassait le champ de la connaissance. En montrant combien cette prétention était dénuée de titres, l'antiréalisme en vint à cette extrémité de refuser au réalisme toute place quelle qu'elle fût. La controverse métaphysique a eu pour objet la délimitation des frontières ; et son histoire a été celle de ces alternatives rythmiques que produit toujours l'antagonisme des forces, — entraînant un excès tantôt du côté de la limitation, tantôt de l'autre côté. Mais à mesure que la différenciation du sujet et de l'objet approche de son terme, les oscillations deviennent de moins en moins fortes, et dans la purification du réalisme de tout ce qui lui est étranger, la controverse finit ainsi : le réalisme se contente d'affirmer que l'objet de la connaissance est une existence indépendante, et l'antiréalisme montre que la connaissance de cette existence est entièrement relative [1]. »

---

[1] *Principes de psychologie*, trad. RIBOT et ESPINAS, t. II, p. 523-4.

Cette manière de concevoir l'évolution de la pensée philosophique est profondément erronée. L'histoire ne connaît que trois réalismes vraiment grossiers : le réalisme théologique, le réalisme matérialiste, et celui des formes peu développées de l'idéalisme et du sensualisme primitifs. Mais ces trois réalismes n'ont jamais fait qu'une chose : ils ont produit une multitude de dieux, une foule d'entités hypothétiques, principes tantôt matériels, tantôt spirituels. C'est ainsi que fut imaginé et lancé dans la circulation philosophique, le problème de l'inconnaissable : *Deus* (cette négation synonymique, comme nous le verrons plus tard, de *mundus*) *inscibilis, inattingibilis, inopinabilis, sibi soli notus !* Aussi l'antiréalisme a fort mauvaise grâce à venir disputer au réalisme la paternité, non seulement de l'inconnaissable, mais encore de la relativité et de la limitation de la connaissance. L'antiréalisme a exécuté une charge à fond contre un adversaire qui était, en son for intérieur, exactement du même avis sur le point litigieux, et M. Spencer se déjuge en vérité lui-même, lorsqu'il voit dans cet épisode historique autre chose qu'un cas très apparent de cette maladie du langage qui, selon lui, serait la vraie définition de la métaphysique. En effet, ou bien son accusation contre la métaphysique, particulièrement dans ses développements antiréalistes, est mal fondée, ou bien la controverse philosophique sur la délimitation des limites de la connaissance humaine n'a jamais été qu'une vaine querelle de mots. Aussi, sans refuser toute réalité aux oscillations rythmiques dont parle le philosophe anglais, et sans nier le fait de leur affaiblissement graduel, nous ne pouvons, quant à nous, y apercevoir que des parties strictement contiguës d'un mouvement unique et homogène entraînant la pensée dans une seule direction. Il n'y a qu'un guide sûr en ces matières — ce sont les lois sociologiques qui régissent l'évolution mentale de l'humanité, et l'une de ces lois, que nous avons déterminée comme une corrélation constante entre la somme du savoir d'une époque et le caractère de sa philosophie, indique que la véritable réaction contre le grand mouvement intellectuel qui a rempli tout le passé, ne fait encore que signaler son apparition.

V

La parenté intime qui existe entre l'agnosticisme le plus subtil et les premiers bégaiements de l'intelligence s'ouvrant aux conceptions théologiques, est si indéniable, la ressemblance entre ce point d'arrivée et ce point de départ est si frappante, qu'on peut s'étonner du nombre restreint de penseurs qui l'ont spontanément reconnue. Rien n'est d'ailleurs moins propre à dissiper cet étonnement, que l'opinion courante qui veut que l'esprit humain ait été porté à exagérer ses forces principalement au début, à l'époque de sa plus grande ignorance. Pour nous, qui nous rangeons à l'avis directement opposé, qui pensons que cette exagération n'est venue que fort tard, à mesure qu'augmentait la distance entre les humbles commencements et les résultats acquis dans le cours des siècles, rien n'est au contraire plus naturel que cette répugnance de l'homme moderne à reconnaître,

dans les hautes spéculations de sa philosophie, les
traits les plus marquants de la superstition des premiers âges. Il a fallu toute l'autorité et toutes les
belles conquêtes de la biologie la plus récente, pour
forcer nos contemporains à ne pas répudier avec
mépris leurs ancêtres du règne animal ; c'est maintenant au tour de la psychologie à vaincre les mêmes
préjugés dans le domaine de la descendance purement intellectuelle. Il y a un atavisme conceptuel
comme il y a un atavisme physique, et les faits sur
lesquels s'appuie le second ne sont ni plus nombreux
ni plus probants que les faits qui parlent en faveur
du premier. J'aurais pu multiplier à loisir les exemples, mais la tâche est vraiment trop facile, et le
lecteur me saura gré de m'en rapporter à cet égard,
à son jugement et surtout à ses lectures philosophiques. Je me bornerai donc ici à une seule indica-
tion qui me paraît topique.

La croyance au surnaturel est, sans conteste, absolument caractéristique de l'état primitif de l'humanité. Mais si on demandait une définition rigoureuse,
une traduction fidèle de ce mot souvent mal compris,
je ne crois pas qu'on puisse en donner de meilleure
ni de plus exacte qu'en l'appelant l'*inconditionné*.
Entre ces deux termes, dont le second est évidemment la simple formule scientifique du premier, la
synonymie est parfaite. Mais à ce compte, que faut-
il penser de Hamilton, de cet écrivain sincère et de
haut mérite, dont l'influence sur la pensée du siècle
ne saurait être niée sans injustice, et qui jette les
bases d'une philosophie de l'inconditionné ? Que penser de ce philosophe, à coup sûr puissant, qui sub-
divise l'inconditionné en deux espèces, l'un limité

et l'autre illimité, qui enseigne que si « ces deux
inconditionnés, entre lesquels se tient humblement
et à l'étroit la connaissance du conditionné, ne
peuvent être vrais tous deux, l'un des deux doit
l'être », et que « c'est notre devoir de croire à cet
absolu que nous ne pouvons concevoir [1] ? » Que dire
de cette résurrection, en plein dix-neuvième siècle,
de la croyance au surnaturel comme base de toute
une conception du monde, ou plutôt, que dire de
la surprenante facilité avec laquelle les esprits les
mieux armés par la critique moderne, sont constamment ramenés aux pires errements du supranaturalisme initial? Pour ma part, je ne puis voir en
tout cela que l'effet d'un atavisme intellectuel d'autant plus puissant qu'il est encore totalement inconscient, et qui fait vibrer, à un moment donné, dans
le cerveau du philosophe, les cordes oubliées des
croyances primitives, qui fait revivre dans son intelligence jusqu'à l'antique sentiment de la chétiveté de
l'homme perdu dans l'immensité à jamais mystérieuse qui l'enveloppe de toutes parts. Je ferai remarquer d'ailleurs, que dans le monde intellectuel
comme dans le monde physique, la copie atavique
est habituellement plus incohérente que l'original.
Aussi voyons-nous Hamilton, ce descendant des
croyants au Dieu limité du polythéisme inférieur
et au Dieu illimité du monothéisme pur, osciller
entre les deux hypothèses, affirmer que l'une d'elles
peut seule être vraie, et finir par s'arrêter irrésolu
devant deux inconcevables, sans savoir lequel mérite
une aveugle adoration. Cette attitude du philosophe,

[1] *La philosophie de Hamilton*, par J. St. MILL, trad. Cazelles,
préface du traducteur, p. XXVIII.

si elle ne suffit pas à prouver sa profonde inconscience, et mettre hors de doute l'action d'un atavisme latent, suggère au moins la possibilité d'une pareille explication. Croyance pour croyance, et absurdité pour absurdité, l'inconditionné illimité qui a été un progrès pour l'humanité en masse, est évidemment préférable.

VI

Depuis l'animisme fétichique jusqu'au positivisme et au criticisme modernes, l'inconnaissable a revêtu tant de formes qu'il serait fastidieux d'en faire le dénombrement. Mais au milieu de cette variation incessante, plus considérable peut-être que celle des espèces organiques, bien petit est le nombre des penseurs qui ont vaguement entrevu la constance du fonds commun et l'identité des caractères essentiels. Quels détours n'a-t-on pas pris, de combien de précautions ne s'est-on pas entouré, pour faire entendre la plus timide protestation contre l'opinion préconçue qui refusait de reconnaître, dans l'état d'esprit de l'athée matérialiste, par exemple, un simple succédané de l'état mental du plus fervent théiste ou du spiritualiste le plus convaincu !

Nous dirons plus loin les progrès que Comte et, après lui, l'école des positivistes anglais ont fait accomplir à cette grave question. Pour le moment, il nous suffira de constater qu'un groupe de philosophes est en voie de formation, qui pensent que la croyance à l'inconnaissable est le véritable et der-

nier trait d'union entre la religion et la philosophie
prétendue scientifique de notre temps. La majorité
des philosophes et la masse du public continuent toutefois à croire que les divers inconnaissables sont
absolument irréductibles les uns aux autres ; les
espèces organiques n'étaient pas plus immuables du
temps de Cuvier.

Cela fait, il s'agissait de franchir une seconde
étape, bien autrement importante. La reconnaissance
du caractère éminemment religieux de l'agnosticisme
moderne et même l'identification plus complète de la
religion avec la philosophie, ne sont que la constatation d'un simple fait, d'une relation inexpliquée
qui exige une interprétation rationnelle quelconque.
Que signifie cette relation ? Faut-il y voir la réhabi-
litation inattendue de la foi religieuse, ou bien la
condamnation encore moins prévue, de l'agnosticisme
contemporain, et avec lui, de toute la philosophie de
notre époque ?

Personne, que je sache, n'a essayé d'examiner
sérieusement cette alternative. M. Spencer adopte
d'emblée, sans la discuter, comme une vérité de
la plus haute évidence, la solution également favorable à la religion et à la philosophie dont il est
un des plus fermes soutiens ; et la plupart des autres
penseurs, imbus au même degré des principes de
l'agnosticisme, le suivent dans cette voie, ou s'abs-
tiennent de poser le problème. Ce dernier réclame
pourtant de plus en plus l'attention, et l'alternative
qui doit servir à le résoudre ne peut être plus longtemps écartée sur de simples présomptions en faveur
de certaines doctrines philosophiques dominantes.

La question se pose avec une précision rare, une

netteté qui ne laisse rien à désirer. Deux hypothèses contraires sont en présence. Selon l'une, les premiers hommes ont acquis — n'importe par quels moyens — et possédé une grande et formidable vérité, et nous, leurs descendants directs, nous avons pieusement recueilli, à travers les temps, ce précieux héritage; nous l'avons même augmenté, nous l'avons fait fructifier, si de telles expressions sont applicables à la lente et progressive épuration que nous avons fait subir aux croyances de nos devanciers. Selon la seconde hypothèse, l'humanité primitive n'a pas acquis — elle n'avait pour cela aucun moyen — et, par conséquent, n'a jamais possédé le germe de vérité dont on lui fait gratuitement honneur ; ce qu'elle a pu acquérir et ce qu'elle a non seulement pu, mais nécessairement dû nous transmettre, si l'atavisme des procédés et des habitudes de l'esprit n'est pas un vain mot, ce sont des erreurs grossières dont nous avons fait des erreurs subtiles. Il y aurait ainsi entre nos lointains ancêtres et les générations actuelles une simple différence de degré, en ce sens que les premiers étaient des ignorants en tout, et que nous sommes, nous, des ignorants en beaucoup de choses, et particulièrement en psychologie, en sociologie et en philosophie. Reste à savoir si l'ancien concept de l'inconnaissable, enveloppé de son épaisse couche d'absurdités et de superstitions, et l'agnosticisme nouveau détaché de sa gangue impure et manipulé savamment par les maîtres de la pensée moderne, sont des faits d'ordre chimique, par exemple, ou des faits d'ordre psychologique et sociologique ? Dans le premier cas — qui est d'une évidente absurdité — il pourrait encore se faire qu'il y ait eu rencontre for-

tuite entre l'ignorance de nos ancêtres et notre savoir actuel. Dans le second cas, il est extrêmement
probable que la rencontre, loin d'être due au hasard,
ait été naturelle et légitime, car il s'agirait là de
deux ignorances de même espèce, quoique d'un degré
différent.

Il est certain qu'entre ces deux hypothèses, j'ai
fait mon choix, comme M. Spencer, par exemple, a
fait le sien, et que nous nous sommes placés aux
deux pôles opposés. Eh bien, il faut le déclarer hautement, dans l'état actuel de la question, nous avons,
tous les deux, également et complètement tort. S'il
est incontestable, en effet, que ces deux suppositions
ne peuvent être vraies en même temps, il est possible qu'elles soient fausses toutes deux, et ce n'est
qu'après un commencement de sérieuse vérification
qu'on peut acquérir le droit de se prononcer pour
ou contre une hypothèse. Or, la plupart des philosophes veulent traiter scientifiquement certaines matières, et résoudre les problèmes philosophiques au
moyen d'hypothèses, sans prendre garde qu'une
semblable entreprise est absolument impossible.
Avant d'avoir recours à l'hypothèse qui est à coup
sûr un admirable outil, il importe d'apprendre à s'en
servir, et l'expérience enseigne que la vérification
d'une hypothèse ne peut être poursuivie que dans le
domaine des faits strictement particuliers, dans l'acception la plus étroite du mot. Il faut donc, de toute
nécessité, ou bien que les philosophes renoncent à
vouloir nous faire accepter des conclusions qui ne
sont appuyées que sur de simples vues de l'esprit, ou
bien qu'ils descendent des hauteurs de la philosophie
et viennent, se mêlant à la foule des spécialistes, vé-

rifier leurs suppositions dans les laboratoires, les hôpitaux, les bureaux de statistique, partout, en un mot, où opère la science particulière et où l'on a chance de rencontrer des faits certains.

Résumons-nous. Les philosophes modernes, avec M. Spencer en tête, ont fait un pas considérable, dans une excellente direction, le jour où ils ont constaté ce fait d'ordre évidemment sociologique, qu'à toutes les époques de l'histoire de l'humanité on trouve un fonds commun de croyances agnostiques. Mais ils ont fait deux pas dans une direction mauvaise lorsque, placés devant l'alternative, de considérer ce fonds comme une grande vérité ou une grosse erreur, ils ont cru pouvoir résoudre la question en restant sur le terrain de la philosophie, et en y usant d'un procédé de découverte qui n'appartient qu'à la science particulière. Cette double erreur a produit son effet accoutumé. Au lieu de chercher à vérifier l'hypothèse momentanément admise, par tous les moyens dont dispose la science qui, seule, avait qualité pour donner son opinion, car seule, elle étudie les lois de l'évolution mentale, la marche progressive de nos connaissances, les luttes pénibles du savoir naissant contre les préjugés, les erreurs accumulées du passé, on préféra s'en tenir à ces vagues généralités qui sont le propre de l'argumentation philosophique. Au lieu de poser la question en termes de pure sociologie — puisqu'on était appelé à examiner la filiation historique des idées, la transmission des connaissances et les conditions multiples de l'éclosion hâtive d'une vérité ou de la survivance d'une erreur, c'est-à-dire un groupe de faits sociaux par excellence, on aima mieux escamoter les prémisses sociologiques qui paraissaient défavorables, et aller droit à la conclusion philosophique prévue d'avance et désirée. Le problème resta naturellement ce qu'il était auparavant, mais la philosophie avait rendu, à la plus grande joie de ses contempteurs, un nouvel arrêt, elle avait décrété encore une fois ce qu'il fallait penser sur une question d'une importance pratique suprême, puisqu'elle touche aux plus graves intérêts de la vie sociale.

VII

Arrêtons-nous un instant à ce point de vue sociologique dont le judicieux emploi peut seul, à nos yeux, aider à résoudre certains problèmes injustement détenus par la philosophie.

Les théogonies primitives, les religions supérieures, les échafaudages métaphysiques entièrement et nécessairement réductibles aux trois types du matérialisme, de l'idéalisme et du sensualisme, enfin les systèmes plus scientifiques de notre époque, parmi lesquels il faut ranger le positivisme, cette philosophie si rigoureuse et si saine par certains côtés, le matérialisme moderne si simple et si logique, et le criticisme nouveau si attrayant par sa subtilité même, — tout cela peut être considéré comme produit par une seule et même cause sociale. Par cause j'entends naturellement ici un ensemble de conditions, de relations, de faits qui agissent spontanément, qui durent un espace de temps indéfini mais toujours très long, qui résistent aux efforts préma-

3.

turés qu'on peut faire pour les modifier et qui sont,
en somme, de véritables puissances, brisant les
volontés les mieux trempées, entraînant ou sapant,
selon les circonstances, les croyances et les convic-
tions les plus fortement enracinées, et tenant cour-
bés sous leur joug les esprits les plus indépendants,
jusqu'au moment où elles subissent, à leur tour, la
loi de l'évolution qui leur est propre.

Mais de ce qu'une cause a agi et agit encore, on n'a
pas le droit de conclure qu'elle agira éternellement.
De même que certaines conditions astronomiques et
géologiques dont l'action était autrefois toute-puissante, de même que certaines vitesses de mouvement,
certaines températures, certains états physiques et
chimiques, enfin certains milieux organiques, le
fait social complexe dont nous parlons pourra, un
jour, devenir une quantité de plus en plus négli-
geable.

En attendant, ce groupe de relations est de ceux
qui nous sont le plus familiers, et que tout le monde
croit bien connaitre. En réalité, nous ne connaissons
malheureusement de ce fait social, comme de tant
d'autres, que sa métaphysique qui est un mélange de
notions grammaticales, d'observations superficielles
et de phrases à effet; nous ne connaissons ni sa
psychologie, car tout phénomène de cet ordre est
nécessairement psychologique par certains côtés,
— ni surtout sa sociologie. Nous ne l'avons jamais
étudié dans ces deux sciences, à peine nées d'hier,
nous n'y avons pas déterminé les conditions qui président à son apparition, ni celles, plus nombreuses
et plus variées, qui accompagnent les phases successives de sa longue évolution, ni celles surtout qui

préparent et amènent son dépérissement graduel ou
sa disparition. Nous sommes, à son égard, exactement dans la position de gens qui savent parfaitement ce que c'est que le chaud et le froid, mais qui
seraient bien embarrassés si on leur demandait de
reconstituer l'histoire du globe à l'aide de l'incandes-
cence et du refroidissement des masses qui le composent.

Comme toutes les propriétés de la matière, comme
le mouvement, les forces physiques et chimiques,
comme la vie elle-même, la cause sociale dont·il
s'agit se manifeste constamment sous un double
aspect. On peut, en effet, parler indifféremment de
l'ignorance à ses divers degrés, qui est un phénomène social perdant en force et en influence à mesure
que les sociétés, considérées comme des organismes
très complexes, évoluent et progressent, ou du *savoir*
plus ou moins grand, qui est un autre fait social se
développant parallèlement et proportionnellement
au premier. Cette opposition ne peut susciter qu'une
vaine querelle de mots. Nous en sommes encore là
pourtant ; nous parlons de l'ignorance et du savoir,
comme les anciens physiciens parlaient du sec et de
l'humide, comme les moralistes de nos jours parlent
du bien et du mal, les métaphysiciens, de l'être et du
non-être, les esthéticiens, du beau et du laid, les économistes, du capital et du travail, les politiques, de
l'ordre et de la liberté, sans savoir ramener ces manifestations diverses ou opposées, à leur unité élémentaire et réelle, sans parvenir à déterminer la
formule scientifique de chacun de ces couples de faits.

De quel degré d'ignorance ou de quel état du savoir
peut-il s'agir, dans la question qui nous occupe ?

N'oublions pas que nous avons affaire à une cause sans cesse en mouvement, à un changement perpétuel, à une augmentation et à une diminution constantes, dont tous les effets sont modifiés proportionnellement, et que nous ne pouvons, par conséquent, arriver à quelque précision qu'en considérant les époques successives et différentes, et non l'ensemble de l'évolution. D'où la nécessité de diviser le passé en périodes qui seront d'abord très arbitraires, comme toutes les divisions historiques, mais qui permettront de classer provisoirement les faits, de les ranger en séries principales. Ces périodes devront, d'ailleurs, être suffisamment multipliées, afin qu'on puisse atteindre toutes les dissemblances essentielles ; leur nombre ne devra cependant pas dépasser la limite pratique qui assure, dans chaque ordre de recherches, le succès des généralisations ayant pour but de fixer les grandes lignes de ressemblance ou d'identité. Un tableau synoptique des couches successives formées par les croyances générales, les larges vues d'ensemble, les hypothèses universelles qui ont guidé l'humanité, pourra être dressé de cette façon. Il y aurait peut-être lieu de créer ainsi une nouvelle branche de la sociologie, la stratigraphie des croyances et des idées directrices générales, qui étudiera l'ordre de superposition des strates idéologiques, composées d'idées ou d'éléments religieux, philosophiques, éthiques, esthétiques, économiques, politiques, etc.

En attendant que s'exécutent ces travaux analytiques réservés à un avenir encore éloigné peut-être, nous devons bien nous contenter des connaissances vagues et incertaines que nous possédons aujourd'hui

et que je vais esquisser très sommairement. Une
première époque idéologique nous montre un maximum d'ignorance ou un minimum de savoir régulièrement accompagnés de formes religieuses absur-
dement grossières, d'une moralité presque négative,
d'un art à peu près nul, de conceptions économiques
et politiques d'une simplicité et d'une rudesse ex-
traordinaires. Une époque subséquente nous donne
une ignorance mitigée ou un savoir s'arrêtant au
seuil des grandes sciences de la nature, et, parallèlement, des croyances théologiques plus raffinées,
des essais de véritable métaphysique religieuse ; nous
passons sous silence les changements qui survien-
nent en même temps dans toutes les autres branches
de l'activité sociale. Une autre époque encore nous
fait voir la concomitance constante de ce que l'on
pourrait appeler un demi-savoir, puisqu'il s'arrête
précisément aux sciences du monde organique, et
de ces deux faits nouveaux : le commencement de
la décadence des croyances religieuses, et l'épanouissement de la métaphysique, qui se divise en
trois doctrines-types, correspondant exactement aux
trois grands départements du savoir. De période en
période, de couche idéologique en couche idéologique, nous arrivons enfin à l'époque actuelle, caractérisée par un savoir qui tend à se constituer dans
toutes ses branches essentielles, ou par une ignorance qui tend à disparaître. A côté de ce minimum
ou de ce maximum atteints jusqu'ici par l'humanité,
se place une multitude de faits idéologiques dont
nous ne relèverons que deux catégories, celle qui se
rapporte à la survivance des croyances religieuses
dans les masses populaires, et celle qui concerne le

remplacement des trois doctrines-types de la métaphysique par des doctrines plus en harmonie avec les
progrès réalisés dans les sciences, et particulièrement
dans les sciences biologiques. Je passe sur les détails
de cette évolution grandiose que j'ai déjà étudiée
dans mon livre sur l'*Ancienne et la Nouvelle philosophie*, et que j'ai essayé de résumer en une formule très générale — la loi de corrélation entre les
sciences et la philosophie.

Nous sommes ainsi en mesure de préciser quelque
peu les conditions sociales de certains phénomènes
d'ordre idéologique qui se produisent sous nos yeux.
Prenons, par exemple, la stricte neutralité que le positivisme moderne voudrait observer entre l'affirmation et la négation d'une cause première intelligente
et toute-puissante. Dans un de ses meilleurs articles [1],
M. Paulhan explique ce trait intéressant de la men-
talité moderne par le peu d'importance que le positivisme attache, en général, à l'analyse psychologique
des idées. Cela est fort bien assurément, mais ne
voyons-nous pas, d'autre part, le nouveau criticisme
et l'évolutionisme de M. Spencer, deux philosophies
que personne n'accusera de nourrir à l'égard de
l'analyse psychologique, le dédain des positivistes,
non seulement renchérir sur l'abstention et le relativisme de ces derniers, mais le pousser à ce curieux
extrême — la divinisation et l'adoration de leur
propre nescience?

Le dédain pour la psychologie concrète professé
par les positivistes qui retournent aux erreurs de l'ancien scepticisme sensualiste, et par les nouveaux ma-

[1] *Revue philosophique*, mai 1882, p. 495.

térialistes qui sont incapables de se soustraire à quelques-unes des illusions du matérialisme historique ;
d'autre part, l'importance outrée qu'accordent aux
problèmes psychologiques les criticistes et les évolu-
tionnistes qui semblent revenir, les uns, aux plus
graves illusions de l'ancien idéalisme, et les autres
aux sophismes les plus marquants du sensualisme
critique, — tels sont les deux extrêmes, les deux exa-
gérations opposées qui, tout bien considéré, agissent
exactement dans le même sens, et sont suivies exactement des mêmes résultats. Nous y voyons ainsi deux
causes immédiates secondaires et très particulières se
ramenant facilement à une cause générale qui les contient toutes deux, et qui, à ce titre, peut seule inté-
resser directement la science sociale. Cette cause —
ai-je besoin de le dire — gît tout entière dans l'obscurité qui enveloppe les questions psychologiques et
sociologiques, et qui n'a pu être dissipée par les tentatives, restées malheureusement infructueuses, pour
constituer en sciences distinctes l'étude de ces deux
divisions si importantes de la nature. Abstention des
positivistes, sérénité facile des matérialistes ayant
pour règle cet impératif catégorique : « Contente-toi
du monde donné ! », byzantinisme des criticistes,
sophisterie des spencériens — ce sont là autant d'effets différents dus à la même cause, autant de variétés
d'un genre unique.

Mais qui dit genre, dit somme de caractères communs, et plus le genre sera général, moins nombreux seront les caractères qui le constitueront. A
un certain degré de généralité, nous nous verrons
même obligés de représenter le genre par un caractère commun unique. La science qui est un artifice.

de l'esprit humain, aime à ramener les variétés à des
genres pareils ; elle en crée même au besoin de plus
ou moins factices, en ce sens qu'elle omet et néglige
les caractères qui lui paraissent moins importants,
pour s'attacher à un seul caractère qui lui paraît fondamental et qu'elle présente comme typique. Quel est
donc le caractère-type du genre auquel se ramènent,
comme nous l'avons vu, toutes les variétés philosophiques modernes?

Selon nous, c'est l'agnosticisme, la théorie de
l'inconnaissable hautement professée par la presque
totalité des nouvelles écoles, et tacitement admise
— un peu à la façon des théologiens qui se flattaient
de connaître les attributs du Dieu inconnaissable —
par le matérialisme et quelques systèmes spiritua-
listes égarés dans notre époque. Il est facile d'apprécier l'utilité théorique d'une pareille réduction
et nous n'insisterons pas sur ce sujet.

VIII

L'agnosticisme qui est commun à toutes les phases
déjà parcourues et explique une partie notable de
notre histoire mentale, a-t-il été à une époque quelconque, un élément favorable à l'évolution, a-t-il
marqué un progrès, ou bien n'a-t-il jamais constitué
qu'un empêchement et un obstacle?

Il est facile de voir qu'entre cette question et les
questions depuis longtemps agitées par les sociologistes, de la valeur historique de l'esclavage, de la
hiérarchie des classes, des diverses formes du ma-

riage et de la famille, de la concentration monar-
chique et militaire, etc., l'analogie est étroite, et
qu'une même solution générale doit leur être ap-
plicable.

On peut donc dire que la croyance à l'inconnaissable a eu, à l'origine, un caractère franchement
progressif; s'améliorant et s'affinant sans cesse, elle
a conservé ce caractère durant des siècles ; on y a
souvent vu, et jusqu'à ces derniers temps on pouvait
facilement s'y tromper, un apanage indestructible de
la nature humaine ; mais aujourd'hui, cette croyance
et la théorie qui la fonde, ont fait leur temps, — elles
sont devenues, à leur tour, un obstacle sérieux à
toute marche en avant. Cela est parfaitement conforme à l'opinion qui attribue une immense valeur
rétrospective aux religions. Il me paraît inutile d'insister ici sur les services sociaux que l'agnosticisme
théologique a pu rendre à l'humanité primitive, car
ils ont été maintes fois signalés, et personne ne songe
à les mettre en doute. Il n'en est pas de même de la
métaphysique qu'on a si souvent et si injustement
accusée d'avoir troublé et corrompu, notamment
par son doute systématique, les sources les plus
pures de nos croyances. Comparée à la religion, la
métaphysique a été un énorme progrès ; nous en
serions plus convaincus si nous nous rendions suffisamment compte du rôle qu'elle continue à jouer
parmi nous. L'agnosticisme conscient qui lui est
propre a été aussi un grand pas en avant sur l'agnosticisme inconscient ou, en tout cas, moins conscient
des religions. C'est donc ce côté de la question seulement qu'il importe d'élucider.

Et d'abord, il faut distinguer entre l'ancienne métaphysique, celle qui se mettait candidement à la poursuite de l'absolu, de l'inconditionné, de l'inconnaissable, et la métaphysique récente qui les entoure d'un culte infiniment plus respectueux et moins démonstratif. Il y a là peut-être un peu de la différence qui sépare le catholicisme aux libres allures du protestantisme prude et facilement effarouché ; c'est du moins quelquefois de la même façon que la philosophie moderne proteste contre les abus de l'ancienne. Quoi qu'il en soit, du reste, nous avons affaire à deux variétés de l'agnosticisme, et il n'est que juste de les considérer séparément.

Je ne crois pas trop m'aventurer en affirmant que la première variété a exercé une influence heureuse sur tout le passé de la philosophie. D'un côté, par les diverses entités que cet agnosticisme encore inconscient de sa véritable portée, créait librement et tout d'une pièce — matière, esprit, nature, infini, dieu des théistes, inconnaissables et absolus de toutes sortes — il a retenu l'esprit humain sur la pente des absurdités manifestes sur laquelle il glissait. Il a été un élément conservateur et préservatif auquel la métaphysique est en partie redevable de sa longue durée, et, considéré dans son ensemble, il faut reconnaître qu'il a été nécessaire et bienfaisant. L'ignorance en toutes choses était encore en effet si grande à cette époque, qu'à vrai dire, sans cette admirable suite d'hypothèses posant des limites fictives à la curiosité sans bornes et l'arrêtant net devant un inconnaissable imaginaire, l'esprit humain se serait bientôt vu réduit à renoncer à la métaphysique elle-même, c'est-à-dire à un progrès intellectuel réel, et aurait rétrogradé vers la forme la plus grossière de l'ancienne philosophie, — la religion.

D'un autre côté, le sentiment de l'inconnaissable agissait alors dans le même sens que le sentiment de l'idéal auquel il ressemble d'ailleurs beaucoup. Celui-ci pousse l'homme à ne se contenter de rien de relatif, à chercher un absolu qu'il croit néanmoins ne pouvoir trouver; celui-là l'incite à distinguer entre ce qu'il connaît et ce qui lui paraît relativement insignifiant, et ce qu'il ne connaît pas et où il place l'absolu qu'il croit aussi ne pouvoir atteindre. Mais de même que l'idéal intervient dans l'évolution des idées morales qu'il ne crée pas, l'inconnaissable intervient dans l'évolution des idées scientifiques qu'il ne saurait non plus produire, mais qu'il régularise à certaines époques.

L'histoire de la seconde variété de l'agnosticisme métaphysique peut se résumer en peu de mots. En posant des hypothèses invérifiables, les religions et les systèmes philosophiques posaient *eo ipso* l'inconnaissable ; seulement, ni les unes ni les autres ne s'en apercevaient au début. Ce fut surtout l'office du scepticisme et des formes élevées du sensualisme, de leur faire sentir l'identité parfaite de ces deux opérations de l'esprit. Les théories sur l'inconnaissable ne furent, à ce point de vue, que la reconnaissance d'abord confuse, et plus tard de plus en plus claire, du caractère profondément illusoire des religions et des métaphysiques, qui ne sont que les divers stades de l'application de la méthode hypothétique à un objet qui n'admet pas ce procédé. Ce mouvement ne fit que croître à mesure que notre ignorance des lois naturelles diminuait, se spécialisait, devenait psychique et sociale, de générale qu'elle était auparavant. Les

signes de cette ignorance, sans changer intrinsè-
quement de nature, renouvelaient leur forme, revê-
taient un caractère spécial et également psychologique. Dieu remplacé par les entités métaphysiques,
et celles-ci par l'inconnaissable pur et simple, cela
signifiait déjà que l'inconnu indéterminé cédait la
place à l'inconnu de plus en plus déterminé. Ce fut
là, évidemment, un notable progrès. On peut donc
dire, en définitive, que si dans l'évolution de la philosophie en général, la théorie de l'inconnaissable joue
le rôle d'un accident transitoire, elle est un point capital dans l'évolution de la métaphysique, le fruit le
plus mûr de l'esprit qui anima cette grande période,
l'hypothèse la plus simple et la moins absurde. Aussi
est-ce presque la seule supposition universelle qui
soit restée debout.

Tel est l'intérêt supérieur que présente la question
qui, en elle-même, est loin d'avoir cette importance.
Inconnaissable en son essence ou connaissable, l'u-
nivers n'en sera pas moins étudié par la science qui
n'avancera qu'à la condition de dévoiler chaque jour
un de ses mystères ; une place de plus en plus large
sera faite en même temps pour la philosophie qui
rejette les hypothèses universelles. Le postulat fondamental formulé par la théorie de l'inconnaissable
est la dernière citadelle de la métaphysique ; mais
ce n'est pas parce qu'elle est forte ou imprenable,
c'est parce qu'elle est la dernière que sa destruction
présente un intérêt de premier ordre. L'inconnaissable est à peu près le seul fantôme du passé théologique de l'humanité qui n'ait pas été exorcisé par la
science, l'unique chef survivant « de cette armée
d'entités verbales qui jadis avaient envahi toutes les

provinces de la nature, et que, depuis trois cents
ans, le progrès des sciences renverse une à une [1]. »
— Le moi et la matière sont, de l'aveu unanime des
philosophes, ses deux faces ultimes et irréductibles.
C'est inconsciemment d'abord, dans la théologie
rationnelle et ses superfétations métaphysiques,
qu'on déblaya et prépara le terrain qui reçut ensuite,
des mains de la psychologie sensualiste faisant office
de philosophie, les semences de cette généralisation
suprême qui engloba bientôt toutes les entités, tous
les postulats indémontrables, toutes les hypothèses
universelles, et cela simplement parce qu'elle réunis-
sait en un concept les deux extrémités de la chaîne
scientifique, — la « matière » des sciences inorga-
niques et le « moi, le sujet, l'esprit » des sciences
hyperorganiques. Mais c'est aussi la philosophie —
témoin le positivisme — que cette généralisation
enraye le plus aujourd'hui. Cet empêchement d'une
conception du monde qui serait adéquate à la science
moderne saute aux yeux. On continue, dans les meilleurs essais systématiques, à se payer de mots, se
contentant d'employer une terminologie plus scientifique.

IX

A un point de vue plus général encore, on peut
considérer la doctrine pure de l'agnosticisme comme
un produit secondaire et un résultat accessoire de ce
processus important de l'évolution mentale qui con-

---

[1] TAINE, *De l'intelligence*, I, p. 346.

siste à nous conduire, par degrés insensibles, d'un *maximum* historique d'anthropomorphisme et de téléologie à leur *minimum*, aujourd'hui partiellement atteint et connu sous le nom de conception mécanique de l'univers.

Quiconque voudra réfléchir, apercevra facilement le lien qui existe entre la croyance à l'inconnaissable et ce passage d'une connaissance profondément illusoire à une connaissance de plus en plus rectifiée. Qu'est-ce, en effet, que le « mécanisme », quand on le compare à l'anthropomorphisme et à son dérivé, la conception téléologique de l'univers? C'est d'abord, comme nous venons de le dire, un minimum historique de ces deux illusions qui ont été les deux grands points de départ de l'évolution intellectuelle de l'humanité, et c'est ensuite, de la façon la plus logique et la plus naturelle, un dégagement d'une certaine quantité de ce qu'on pourrait appeler avec raison l'*inconnu latent*. L'anthropomorphisme est manifestement plus compréhensible en soi que le mouvement réduit à une série d'états successifs, parfaitement inconnus en eux-mêmes et placés entre deux autres mouvements, c'est-à-dire entre deux autres inconnues. La même remarque s'applique à la téléologie, qui a toutes ses racines « dans l'idée que l'architecte des mondes agit de telle sorte que l'homme est forcé de trouver que ses actes visent un but à la façon de la raison humaine [1]. » Mais l'anthropomorphisme et la téléologie sont, malgré tout, et particulièrement malgré la satisfaction apparente donnée à notre esprit, des illusions absurdes.

[1] LANGE, *Hist. du matérialisme*, II, p. 270.

Chassées par la science de leurs antiques et vastes domaines, ces deux grandes erreurs ne disparaissent toutefois qu'en laissant derrière elles une apparente augmentation du territoire de l'inconnu. C'est là une nouvelle illusion qui prend aussitôt la place de l'ancienne et qui, si elle n'aboutit pas à la religion et au culte de l'inconnaissable imaginés par nos ancêtres sauvages, les fortifie en tout cas, en paraissant les appuyer sur un commencement de preuve scientifique.

Il nous semblait que nous avions compris l'univers dans son essence ; en réalité, les déités et les entités, tout cet encombrant attirail de l'agnosticisme des premières époques, n'étaient pas de trop pour nous rappeler à une attitude plus humble, et nous faire protester, au nom de nos plus chères croyances, contre les conséquences de l'anthropomorphisme et de la téléologie. L'univers nous apparaît maintenant comme incompréhensible ou inconnaissable dans son essence. C'est là encore une fausse apparence, une généralisation hâtive, une hypothèse invérifiée et, par sa nature même, invérifiable, une illusion de l'esprit produite par le contraste qui existe entre la méthode de l'anthropomorphisme et la méthode du mécanisme.

Ce n'est point une vérité, — ni une vérité de fait, ni une vérité de logique.

M. Taine a donné du passage de l'anthropomorphisme initial à la conception mécanique d'aujourd'hui, une description qui me paraît excellente et que je cite ici en entier :

« Les êtres sentants ne sont qu'une file dans la prodigieuse armée d'êtres distincts que nous observons ou devinons dans la nature, et nos événements ne sont qu'une quantité minime dans la masse monstrueuse des événements. Le moi est un réactif entre cent millions d'autres, l'un des plus périssables, l'un des plus faciles à déranger, l'un des plus inexacts, l'un des plus insuffisants. » — Voilà pourquoi « à ces notations nous substituons d'autres notations équivalentes, et nous définissons les propriétés des corps, non plus par nos événements, mais par certains de leurs événements. Au lieu de notre sensation de température, nous prenons pour indice l'élévation ou l'abaissement de l'alcool dans le thermomètre..... Parmi ces événements indicateurs, il en est un très simple et plus universellement répandu que tous les autres, le mouvement..... Nous le remarquons d'abord en nous-mêmes... Par analogie et par induction, de même que nous attribuons aux corps organisés des sensations, perceptions, émotions et autres événements semblables aux nôtres, nous attribuons à tous les corps des mouvements semblables aux nôtres. Mais par vérification et rectification, de même que nous limitons peu à peu la ressemblance trop complète que nous imaginions d'abord entre les animaux inférieurs et nous-mêmes, nous limitons peu à peu la ressemblance trop grande que nous imaginions d'abord entre les mouvements des corps bruts et les nôtres. »

Ceux-ci étant une série de sensations successives, et ceux-là en différant évidemment, l'esprit ne tarde pas à reconnaître que c'est par certains caractères en *moins* que les mouvements des corps bruts diffèrent de nos sensations. Par conséquent, il opère ici comme toujours quand il abstrait, généralise ou, ce qui revient au même, identifie : il retranche de nos sensations « l'espèce et la qualité des éléments qui composent la série ; il ne reste que leur nombre et leur ordre, et la notion s'applique non pas seulement aux corps sentants, mais à tous les corps. » — « Cela posé, il découvre peu à peu, que dans ses définitions des corps et des propriétés, un mode ou une particularité du mouvement ainsi conçu peut tenir lieu de ses sensations. Il appelait solide ce qui provoquait en lui la sensation de résistance ; il appelle maintenant solide ce qui provoque l'arrêt d'un corps quelconque en mouvement... Il évaluait la force par la grandeur de la sensation d'effort ; il la mesure maintenant par la vitesse du mouvement qu'elle imprime à une masse donnée, ou par la grandeur de la masse à laquelle elle imprime un mouvement d'une vitesse donnée. Il arrive ainsi à concevoir le corps comme un *mobile moteur*... De cette façon, tous les événements de la nature physique sont des mouvements... chacun d'eux étant une quantité qui passe de corps en corps sans jamais croître ni décroître. Telle est aujourd'hui l'idée mécanique de la nature [1]. »

Mais dans cette conception, ainsi que le remarque encore avec justesse M. Taine, nous continuons, comme par le passé, à ne connaître la nature que par les sensations qu'elle nous donne, et tous les matériaux avec lesquels nous construisons en nous les idées des objets naturels, sont nos sensations ou des extraits plus ou moins élaborés de nos sensations. En ce sens, l'anthropomorphisme restera toujours une condition inéluctable de toute connaissance. La

[1] *De l'intelligence*, II, p. 108-111.

conception mécanique de l'univers est donc, en définitive, le représentant du minimum d'anthropomorphisme auquel nous sommes arrivés aujourd'hui, de
conquêtes en conquêtes scientifiques.

Mais s'il en est ainsi, pourquoi l'inconnaissable
aurait-il dans le mécanisme, un rôle essentiellement
autre que celui qu'il a toujours joué dans les conceptions précédentes qui n'en diffèrent que par un degré
croissant d'anthropomorphisme? Cette différence de
degré justifie-t-elle les prétentions de l'inconnaissable moderne à être d'une autre essence que la
longue suite d'inconnaissables qui l'ont engendré de
la façon la plus naturelle, et lui ont transmis l'identité de nature que les ascendants transmettent toujours à leurs descendants?

Nous nous refusons formellement à admettre cette
nouvelle hypothèse universelle. Le mouvement,
conçu comme une limite infranchissable du savoir,
joue à nos yeux, dans l'agnosticisme mécanique, un
rôle absolument semblable à celui qui appartient à la
matière dans l'agnosticisme matérialiste, à la sensation dans l'agnosticisme sensualiste, à l'idée ou à
l'esprit dans l'agnosticisme idéaliste et spiritualiste,
et enfin à la divinité dans les agnosticismes théologiques. Devant toutes ces abdications prétendues
définitives de notre raison, se pose l'inévitable
dilemme qui les sape toutes par la base: ou bien le
fait ultime, l'irréductible final, le mouvement, par
exemple, est réellement et absolument l'élément
dernier, et c'est alors le véritable contenu de toute
connaissance et l'opposé direct de l'inconnaissable;
ou bien il n'est ultime et irréductible qu'en apparence
et relativement à telle ou telle époque, à telle ou

telle somme d'efforts, insuffisants pour le réduire, et c'est alors une limite essentiellement mobile du savoir.

X

En résumé, tous les chaînons de cette longue série sont étroitement soudés les uns aux autres ; ce que l'agnosticisme anthropomorphe des théologiens a semé et préparé, est en voie d'être récolté par l'agnosticisme mécanique des philosophes modernes. Un progrès continu a néanmoins marqué le cours de l'évolution philosophique. Ce progrès a consisté à préparer cette simple et féconde vérité, que la philosophie procède en ligne directe de la science dont elle reproduit fidèlement, à chaque époque, toutes les lacunes, toutes les défaillances, tous les écarts et toutes les innombrables fins de non-recevoir. Un corollaire de cette vérité, encore plus méconnu qu'elle-même, est que l'avenir nous réserve une philosophie qui sera à celle du passé ce que la physique ou la chimie actuelles sont aux élucubrations naïves des « physiologues » de l'époque ionienne.

Mais en attendant que la reconnaissance universelle de cette double vérité devienne un fait accompli, nous assistons à un étrange spectacle. Beaucoup de penseurs contemporains avouent ingénûment que « Dieu leur apparaît aux deux bouts de notre horizon, figure mystérieuse de ces causes premières et de ces causes finales à l'égard desquelles nous restons

en une même ignorance », et se font une gloire particulière, sinon de cette ignorance, du moins de la
bonne foi avec laquelle ils en conviennent. C'est avec
une emphase qui prêterait aisément le flanc à la sa-
tire, si elle n'était pas l'expression d'une extrême can-
deur, qu'on les entend répéter qu'ils ignorent l'origine
et la fin des choses, qu'ils s'en tiennent là, qu'ils se
taisent prudemment sur ces questions. A ce compte,
les chimistes contemporains auraient pu se faire un
mérite de l'aveu de leur impuissance en ce qui touche
la décomposition d'un corps réputé simple, et les sociologistes se targuer du silence involontaire qu'ils
observent à l'égard des lois qui régissent les sociétés
humaines.

Il est pourtant de toute évidence que le résultat
final d'une somme de connaissances qui n'a pas
encore été atteinte, et dont la possibilité est tout au
plus entrevue et pressentie, ne saurait précéder ce
total futur et contingent. Conclure de là à la réalité
d'un inconnaissable quelconque, serait une faute logique si grossière que la plupart des théoriciens de la
connaissance se gardent bien d'y tomber; ils évitent
soigneusement tout syllogisme de ce genre, et préfè-
rent projeter simplement l'état actuel de nos connaissances dans un avenir indéterminé. Pourquoi ne
le font-ils pas pour le savoir passé? le domaine de
l'inconnaissable s'en élargirait de tout l'inconnu que
la science est parvenue à réduire. Du reste, après
avoir hautement proclamé leur ignorance à l'égard de
ce qui a toujours fait l'attrait principal des recherches
philosophiques, et de ce qui a toujours été le vrai
pont-aux-ânes de la philosophie, les penseurs modernes semblent n'avoir rien de plus pressé ni de plus

sérieux à faire, que de se lancer dans des discussions sans fin sur les questions qu'ils s'étaient d'abord interdit d'examiner. Voici, à ce sujet, le témoignage d'un historien de la philosophie qui n'a jamais, que je sache, cherché à altérer le vrai sens des doctrines qu'il combat. D'après M. Janet, partant des deux pôles opposés de la philosophie, les penseurs de notre temps s'acheminent lentement vers une vaste et haute idée de la divinité, chacun, d'ailleurs, s'arrêtant à telle ou telle phase, à telle ou telle perspective. Les uns, comme M. Vacherot, par exemple, au lieu du Dieu-monde vers lequel ils inclinaient jadis, admettent aujourd'hui le Dieu cause première et cause finale. Les autres, comme M. Littré, après avoir exclu de la science la notion d'infini, reconnaissent que « l'Immensité tant physique qu'intellectuelle est une notion positive de premier ordre », et que la contemplation de cette idée est « aussi salutaire que formidable ». D'autres encore, comme M. Spencer, maintiennent énergiquement l'indestructibilité du sentiment religieux, et montrent qu'il a pour objet l'Inconnaissable considéré au point de vue de la volonté humaine.

Il y a dans tout cela une contradiction latente, une inconséquence tout à fait inconsciente. En discourant à perte de vue sur l'inconnaissable, au sujet duquel on parvient à se former des opinions totalement divergentes, on confesse implicitement le caractère passager et relatif de l'ignorance prétendue éternelle et absolue, dont on fait la pierre angulaire de sa conception du monde. Au fond, on agit exactement de la même manière que les sociologistes et les psychologues qui inventent des théories très ingénieuses à

propos de sujets encore fort obscurs, et proposent
des explications qui ne laisseraient rien à désirer, si
elles avaient la moindre base réelle. Mais ce qui peut
être une méthode fructueuse dans la science spéciale,
ne saurait être, en philosophie, qu'une perte de temps
et de travail.

Quant aux objections qu'on peut faire aux vues
exposées dans les pages précédentes, elles sont
nombreuses, mais toujours les mêmes, et toujours
facilement victorieuses, lorsqu'on laisse la porte ouverte à ce double paralogisme : donner à la philosophie l'outillage de la science spéciale pour une
besogne que les méthodes scientifiques ne peuvent
accomplir, et faire précéder les sciences non encore
constituées par la philosophie qui en dérive. Je pour-
rais donc, à la rigueur, me dispenser de discuter ici
ces objections ; mais je veux en excepter une que je
trouve dans un livre récent et qui se présente sous
une forme assez spécieuse [1].

Admettre l'Immensité dans le sens que Littré lui
assigne, comme une réalité que l'homme est incapable
de connaître, c'est incontestablement admettre l'Inconnaissable avec toutes les conséquences logiques
qui en découlent ; déclarer qu'on ne connaît pas Dieu
et qu'on ne le connaîtra jamais, c'est admettre la
réalité de son existence ; se sentir troublé d'être si
petit dans un monde qui apparaît si grand, c'est sentir
l'Inconnaissable, pour ceux qui admettent sa réalité,
et c'est sentir Dieu, pour ceux qui identifient l'inconnaissable des temps modernes avec celui des
temps anciens.

---

[1] L. ARRÉAT, *Journal d'un philosophe*, Paris, Alcan, 1887, p. 147.

S'il est vrai de dire, avec M. Arréat, que la critique
kantienne nous a plongé plus avant dans le réalisme
naïf, avec la conscience de notre naïveté en plus, il
est non moins juste d'affirmer que la critique des abs-
tentionnistes modernes, qui renvoient dos à dos la religion et l'irréligion, aboutit nécessairement à la théorie
de l'inconnaissable et n'est, au fond, qu'un pastiche
réussi de la grande manière de Kant et des sensualistes anglais ; elle nous ramène à notre état antérieur
d'ignorance, avec la conscience de celle-ci en plus.
L'état « de sublime étonnement devant l'insondable
univers », fatalement déterminé en nous par l'application de la théorie sensualiste de la connaissance à
la critique des religions et des métaphysiques, qu'est-
ce, en fin de compte, sinon cet état mille fois décrit
par tous les historiens de la culture, qui précède, prépare et contient en germe les théogonies primitives ?
Aussi sommes-nous restés ce que nous avons toujours
été : des ignorants, des étonnés, — ignorants des
mêmes causes premières et finales, étonnés de la petite place qu'occupe notre savoir dans la grande ombre de notre insatiable curiosité. Seulement, comme
en réalité et par comparaison avec l'état initial, notre
science a terriblement marché dans toutes les directions, on arrive à la dernière transformation de l'antique religiosité, à la croyance aux bornes immuables
du savoir. La stupéfaction naïve des premiers âges
se change du même coup en un étonnement suffisamment mûri par la réflexion, pour ne plus pouvoir servir de stimulant aux tentatives ayant pour
but la création de nouvelles chimères religieuses. On
peut dire, en somme, que si l'ignorance ancienne a
été la cause d'innombrables erreurs, le savoir, déjà

ancien, lui aussi, nous a placés, sauf quelques légères différences de perspective, juste au point d'où nous étions partis. L'ignorance actuelle nous fait envisager ce point de départ comme un point d'arrivée, nous fait supposer des limites infranchissables et l'imminent retour aux anciennes erreurs, à chaque tentative « transcendante ». Le savoir actuel proteste, quoique faiblement encore, contre ces craintes mal fondées, et combat la théorie de l'inconnaissable comme une hypothèse qui restera stérile et invérifiable tant qu'elle n'aura pas passé par le crible de la science particulière. La psychologie nouvelle, puissamment aidée par la sociologie et l'histoire de la philosophie et des sciences, découvre les causes cachées de ces illusions, et tend à démontrer leur caractère transitoire, mais le savoir actuel ne va guère plus loin ; il ne peut, en effet, remplir l'office du savoir futur.

CHAPITRE II

LES CONDITIONS ACTUELLES DU PROBLÈME
DE L'INCONNAISSABLE

I

Les deux hypothèses universelles auxquelles se ramènent, en dernière analyse, toutes les solutions philosophiques du problème de la connaissance, peuvent être ainsi formulées : les choses sont telles que nous les voyons, et les choses sont différentes de ce qu'elles nous paraissent. Prouver la première, c'est démontrer l'intelligence humaine par l'intelligence humaine, ce qui, comme le remarque le philosophe Jouffroy, a été, est et sera éternellement impossible [1]. Démontrer la seconde, c'est tomber dans le même paralogisme, si déguisé qu'il se présente. On a grandement tort de croire que le scepticisme philosophique soit seul invincible ou qu'il soit, comme le dit encore Jouffroy, le dernier mot de la raison

[1] *Mélanges philosophiques*, 5e édition, 1875, p. 169.

sur elle-même. Le dogmatisme se trouve dans le même cas ; on ne peut le vaincre, car on ne peut, sans sortir du domaine philosophique, valider ou invalider son postulat fondamental,

Mais, objectera-t-on peut-être, loin d'être philosophiques, ces deux hypothèses sont psychologiques au premier chef. N'appartiennent-elles pas à une partie très bien délimitée de la psychologie, la théorie de la connaissance ? Et le grand honneur des Locke, des Hume, des sensualistes du XVIIIᵉ siècle, des écossais, de Kant et des criticistes modernes, n'a-t-il pas été d'avoir replacé cette question sur son véritable terrain ?

La réponse à cette objection est facile. La philosophie a toujours subi le joug de la science, mais elle l'a porté de deux façons différentes. Tantôt une proposition particulière était exprimée en termes universels, ce qui dénaturait son caractère particulier, et tantôt une proposition universelle se cachait sous des termes particuliers, sans que sa portée générale fût pour cela le moins du monde diminuée. Le but de la critique qui prépare les voies à la nouvelle philosophie, consiste essentiellement à ramener toutes les questions philosophiques à ce qu'elles étaient à l'origine : des problèmes particuliers. Dans cette voie, cependant, la tentation devient grande de se contenter de la forme scientifique, sans rien changer au fond des hypothèses. C'est la ligne qui fut suivie par les idéalistes et les sensualistes dans le problème de la certitude. Aussi, n'y a-t-on pas accompli un seul progrès réel depuis que la philosophie existe.

En supposant toutefois que le problème universel soit réellement spécialisé, ne change-t-il pas de ca-

ractère et ne reste-t-il pas irrésolu et insoluble sous
son ancienne forme? Et ne serait-ce pas là une autre
façon d'affirmer la réalité de l'inconnaissable? — Ce
sophisme mérite à peine d'être réfuté, car ce qu'on
affirmerait et constaterait ainsi, ne serait évidemment que la réalité de l'absurde ou du contradictoire.

II

C'est le propre de la métaphysique de soutenir les
thèses les plus opposées. Il aurait donc été étonnant
si, dans cette question de l'inconnaissable, des philosophes ne se fussent pas trouvés pour établir *à priori*
la thèse que nous défendons ici.

Mais c'est aussi le propre de la métaphysique de
cacher, sous une divergence de formes confinant à la
contradiction absolue, une identité de fond des plus
remarquables. Il n'y a pas jusqu'à l'athéisme métaphysique, comme l'a si bien vu Comte, qui ne soit
une affirmation voilée, transfigurée ou défigurée,
comme on voudra, du principe même qu'il se
donne pour mission de nier. La vérité est qu'on
ne détruit jamais une hypothèse philosophique en
élevant contre elle une autre hypothèse philosophique.

Parmi les penseurs qui ont soupçonné la légiti-
mité des prémisses servant de fondement à la
théorie de l'inconnaissable, aucun, que je sache, n'a
traité la question au point de vue spécial de la
sociologie, ni même à un point de vue purement
psychologique. Tous ont abordé et quitté le problème

en vrais philosophes, et tous sont inconsciemment
revenus à leur point de départ commun, capitulant
devant le principe dont ils ne combattaient, en
réalité, qu'une apparence déplaisante. Je ne citerai
ici, comme exemple à l'appui, que l'Américain
Abott[1] qui est un des plus violents adversaires de
l'agnosticisme sous la double forme qui lui a été
donnée par Kant et les criticistes, et par le groupe
nombreux et influent des positivistes et des idéalistes anglais, les Hamilton, les Mill, les Spencer,
les Bain, les Lewes, les Hodgson, les Clifford, les
Harrison, les Ferrier, etc. L'argumentation de
M. Abott est souvent des plus heureuses, mais elle
est toujours purement philosophique. On en peut
facilement juger par ce trait caractéristique, que
la négation de l'inconnaissable est pour le philosophe américain, non pas le résultat d'une simple
étude de psychologie concrète, mais la *présupposition fondamentale* de tout savoir, de toute
science, de toute pensée réfléchie et vraiment digne
de ce nom. C'est là une hypothèse aussi universelle
et aussi gratuite que celle qu'elle prétend remplacer. Il est donc tout naturel de voir M. Abott, d'une
part, traiter avec le plus grand dédain l'agnosticisme moderne qu'il qualifie de « superstition » et
de « mythologie », et, de l'autre, instituer le moins
acceptable des théismes, une religion fondée sur la
science. Son nouménisme ou réalisme scientifique
n'est, en somme, qu'une variété déjà ancienne et
connue, de l'agnosticisme qu'il prétend détruire.

Pour en finir sur ce sujet, rappelons en deux

---

[1] *Scientific Theism*, Londres, Macmillan, 1886.

mots une autre catégorie de philosophes qui est particulièrement intéressante, car elle est composée des meilleurs représentants de la réaction philosophique, des métaphysiciens d'une autre époque, rêvant la restauration de l'inconnaissable des périodes religieuses. Les vicissitudes de la politique qui rangent quelquefois les partisans du droit divin parmi les ennemis les plus décidés de l'arbitraire, trouvent ainsi leur digne pendant dans les vicissitudes de la philosophie qui font que les théologiens sont les adversaires les plus acharnés de l'agnosticisme moderne. L'un d'entre eux avoue d'ailleurs avec une louable franchise, qu'en dehors de l'affirmation ultime de l'inconnaissable, la science conserve encore le vaste domaine des faits, qu'elle a donc le droit de parler; que la religion, au contraire, n'a que le droit de se taire. A l'une le connaissable, à l'autre l'inconnaissable [1].

Quoi qu'il en soit, on nous a assez souvent reproché notre positivisme, voire même notre matérialisme, pour que nous hésitions à reconnaître la satisfaction intime que nous éprouvons en voyant combattre à nos côtés, et presque sous le même drapeau, ces singuliers alliés.

III

Proclamer, avant toute connaissance des lois de notre organisation mentale, que l'existence de l'in-

---

[1] G. DEREPAS, *Les théories de l'inconnaissable et les degrés de la connaissance*, Paris, 1883.

connaissable est une conséquence nécessaire de ces
lois, c'est là une de ces « fabuleuses pétitions de
principe » dont la philosophie hypothétique est cou-
tumière et qui, excusables aux époques de grossière
ignorance, ne sauraient plus être tolérées aujour-
d'hui.

L'inconnaissable, s'il y a un inconnaissable, est —
personne n'en doute — un fait absolument transcendant dont on ne trouve aucune trace ni dans la
sphère de l'empirisme vulgaire, ni dans le domaine
infiniment mieux régi et contrôlé, de l'observation et
de l'expérimentation scientifiques. Comment, à l'aide
de quelle opération mystérieuse, le philosophe par-
vient-il donc à cet étrange résultat qui consiste à
faire une déduction rationnellement impossible, à
tirer d'une cause supposée et qu'on déclare ne pas
connaître, un effet présumé qu'on avoue n'avoir jamais rencontré dans le champ de l'expérience ?

Une force qui a accompli, dans l'histoire de l'humanité, des choses autrement étonnantes, soutient
le philosophe dans ce vide logique où il se complaît.
En voici, au reste, un exemple frappant. Lorsque
Kant, jetant les bases de sa théorie de l'inconnaissable, affirme que nous pouvons, que nous devons même douter de la vérité des axiomes ou propositions nécessaires, il s'appuie sur la supposition que la « nécessité de croire » inséparable des
axiomes, provient, non de la nature des choses,
mais de la nature de notre esprit ; « peut-être, dit-il,
sommes-nous comme des gens nés avec des lunettes
vertes qui ne pouvant imaginer que des objets verts,
en concluraient que nécessairement tous les objets
sont verts ». On voit la hardiesse naïve de l'équi-

voque. Ce n'est pas parce que nous pensons les axiomes, que nous pouvons douter des axiomes ; c'est parce que nous les pensons faussement. Notre esprit est construit de manière à dénaturer les objets, voilà tout ; car s'il était construit de façon à ne les point dénaturer, nous n'aurions aucune raison valable de douter des axiomes, et aucune raison valable d'admettre un inconnaissable quelconque. Mais cette hypothèse de Kant ne brille pas seulement par un manque absolu de preuves, elle est encore caractérisée par un trait qui empêchera toujours sa confrontation avec les faits. Elle s'applique non à telle ou telle chose concrète, ou à une catégorie particulière de phénomènes (comme on serait peut-être tenté de le croire en s'en tenant aux termes sous lesquels se déguise cette supposition universelle), ou même à chaque chose donnée, mais à leur ensemble, à leur totalité. Elle s'applique, en effet, à la connaissance en général, c'est-à-dire à une abstraction pure, à un concept qui dans la pensée du philosophe, embrasse et contient tous les phénomènes.

Cette distinction est importante. Les vérités universelles — telles que deux et deux font quatre, ou que la somme contient sa fraction — et les vérités très générales — telles que la matière est pesante, etc., — si on pouvait les envisager comme de simples suppositions, ne seraient que des hypothèses particulières qui se vérifieraient dans chaque cas donné. Les affirmations les plus particulières — vraies ou erronées, il n'importe — du philosophe (celle de Kant, par exemple, quand il compare notre esprit à un homme né avec des lunettes vertes), lorsqu'elles sont étendues hypothétiquement à l'ensemble des phénomènes, deviennent au contraire et de toute nécessité, des hypothèses universelles qui ne se vérifient dans aucun cas concret, et visent un concept imaginé expressément par l'esprit pour symboliser la totalité des choses.

Quand je fais la supposition que ces deux pierres forment avec ces deux autres une somme de quatre pierres, ou que ces deux hommes font avec ces deux chevaux un groupe de quatre êtres vivants, et que ma supposition se trouve être vraie chaque fois que je prends la peine de la vérifier, je ne fais pas une hypothèse universelle, mais bien un nombre indéterminé de suppositions particulières dont je puis tirer une vérité très générale, si je choisis cette voie compliquée où l'hypothèse ne joue plus aucun rôle, au lieu de la voie déductive plus simple. Quand, au contraire, je suppose, par exemple, que tous les phénomènes sont doués de volonté ou de sensibilité, ce que les faits concrets ne confirment ni n'infirment, je ne fais certainement pas un nombre indéterminé de suppositions spéciales, mais bien une seule et unique hypothèse universelle dont je ne puis tirer aucune vérité, ni particulière, ni générale.

On peut donc dire, en somme, que l'hypothèse scientifique est toujours particulière, parce qu'elle s'applique à des faits qui sont des quantités *discrètes* de phénomènes, et que l'hypothèse philosophique est toujours universelle, parce qu'elle s'applique à des concepts purs de l'esprit qui symbolisent des quantités *continues* de phénomènes, ne se décomposant pas en parties séparées, individuelles, concrètes.

L'ignorance des conditions particulières des choses particulières permet seule à l'esprit de transformer les explications arbitraires qu'il imagine, en conditions générales des choses en général ; la métaphysique de l'inconnaissable offre un exemple frappant de ce procédé. N'étant qu'une pure hypothèse, l'inconnaissable doit évidemment faire retour à la science particulière, seul juge compétent, seul arbitre possible en matière de suppositions et de présuppositions. Mais placée sur ce terrain, la théorie de la « chose en soi », connaissable ou inconnaissable, devra, en tout cas, patiemment attendre la réalisation de certains progrès, prévus et indiqués depuis longtemps, car on n'est savant qu'à cette condition que personne ne trouvera, j'espère, exorbitante, de comprendre qu'un second pas suit un premier et ne le précède jamais.

IV

La science appelée la première à recueillir cette partie du lourd héritage de l'ancienne philosophie, est la psychophysique qui devra édifier, sur la double base de la physique et de la physiologie des sens, une véritable physiologie de la connaissance. L'étude attentive des plus simples éléments du mécanisme psychique tels qu'on les observe, par exemple, sur les nouveau-nés et les animaux inférieurs, et l'analyse expérimentale de l'activité sensible des êtres dont l'organisation nerveuse diffère le plus de la nôtre, feront les premiers frais de cette importante révolution dans notre manière de poser et de résoudre les problèmes les plus essentiels de la connaissance.

Les nombreuses tentatives accomplies tous les jours par des savants de premier ordre pour s'emparer de ce domaine, prouvent à quel point la question est mûre. On a même pu observer à cet égard avec raison, que la physiologie des organes des sens se présentait, chez plus d'un physicien et plus d'un vivisecteur moderne, comme un kantisme spécialisé et rectifié, et que le système de Kant a été, pour beaucoup d'investigateurs, et notamment pour Helmholtz, l'un des plus heureux d'entre eux, comme le programme des recherches à instituer, comme un véritable principe heuristique [1].

D'un autre côté cependant, on aurait tort de nourrir des espérances trop grandes, et de croire, par exemple, que le retour des problèmes de la connaissance à la métaphysique soit devenu dorénavant impossible. C'est là, au contraire, une éventualité qui peut facilement se présenter, et cela au moment même où la physiologie des sens aura fait quelques progrès bien marqués. Ce n'est qu'alors, en effet, qu'il sera possible de généraliser, non pas seulement les premières et incohérentes observations de la physiologie, mais ses grandes vérités; ce n'est qu'alors qu'on pourra être réellement tenté de donner au matérialisme scientifique un pendant digne de lui — le sensualisme ou même l'idéalisme scientifiques, si, dépassant la physiologie, on s'appuyait sur la psychologie concrète. Des tentatives en ce sens ne peuvent manquer de se produire. On ne renoncera

---

[1] LANGE, *Histoire du matérialisme*, II, p. 437.

pas de sitôt à étendre hypothétiquement à l'ensemble des choses les vérités physiologiques ou psychologiques, au moyen de cette équivoque qui consiste à considérer l'esprit et sa fonction, la connaissance, comme une représentation adéquate de la totalité des phénomènes, comme on ne renoncera pas facilement à étendre à tous les faits les vérités mécaniques, à l'aide de cette autre équivoque qui permet d'envisager la matière ou le mouvement comme identique à l'univers.

L'inconnaissable, quel que soit le sens qu'on attache à ce concept, qu'on le considère comme une illusion de l'esprit ou comme une réalité, a ses racines les plus profondes dans la physiologie des sens. La psychologie, ainsi qu'on l'a fait observer justement, est aujourd'hui en présence des sensations prétendues simples, comme la chimie à son début était devant les corps réputés simples. L'expérimentation physiologique peut réduire un jour ces composés. Les problèmes de la chose en soi et du monde des phénomènes dépendent de l'importance plus ou moins grande qu'on croit devoir attribuer à certains faits de physique, comme la lumière, le son, etc., et surtout de physiologie, comme le mécanisme de la sensation, la nature de l'abstraction, etc. Les plus grosses questions métaphysiques soulevées par l'idéalisme et le sensualisme ne sont souvent que des questions de physiologie indûment généralisées par les philosophes, de même que les problèmes les plus sérieux du matérialisme ne sont que des problèmes physico-chimiques. D'autre part, comme le dit très bien M. Ribot, les questions qui paraissent les plus simples aux psychologues d'observation, le rapport entre le signe et l'idée, par exemple, deviennent très complexes pour une psychologie positive qui ne peut rien tant que l'anatomie et la physiologie ne seront pas plus avancées [1]. Il y a là une mine de découvertes à laquelle on a à peine touché; on commence à s'en apercevoir, et l'on reconnaît de plus en plus que le penseur qui poursuit la solution du problème de la connaissance sur le terrain général, ressemble, à s'y méprendre, au portrait du philosophe tracé par Gœthe : « Un animal conduit par un esprit malin dans une bruyère aride, tandis qu'alentour se déploie un frais et beau pâturage. »

L'inconnaissable, quand on s'en approche et l'examine avec l'attention qui est indispensable à toute bonne observation, s'évanouit toujours dans l'inconnu. Cette transformation peut pourtant être elle-même un effet de l'ignorance des lois de notre organisation mentale, la psycho-physiologie fera donc bien d'essayer de vérifier par tous les moyens dont elle dispose, l'hypothèse de l'inconnaissable. Mais pour qu'une telle recherche ait la moindre chance d'aboutir, il faut commencer par chasser les fantômes métaphysiques qui hantent encore aujourd'hui les meilleurs cerveaux. Il faut se dire que nous ne savons absolument rien des limites qui séparent le domaine certain de l'inconnu du domaine problématique de l'inconnaissable ; il faut même se demander si ces limites ne sont pas une illusion très naturelle de l'esprit, entretenue par une série d'inductions en apparence fort légitimes.

Quoi qu'il en soit, d'ailleurs, et malgré l'attrait

---

[1] *Maladies de la mémoire*, p. 131.

excitant de ces problèmes, ils sont loin de posséder
la valeur intrinsèque qu'on leur attribue. Que nos
sensations et nos idées soient des copies exactes ou
des ressemblances idéalisées du monde extérieur, ou
toute autre chose ; que notre organisation mentale
soit un appareil d'enregistrement, de traduction, ou
de falsification systématique, tout cela a une importance très relative, tout cela ne présente qu'un intérêt de curiosité scientifique, dès qu'il est démontré
que nos sensations et nos idées sont toujours égales
à elles-mêmes, sont toujours ou des calques exacts,
ou des copies artistiques, ou des types et des dessins
trompeurs. La science est une algèbre, non une
arithmétique, et les problèmes scientifiques ne sont
solubles qu'à la condition que leurs éléments restent
toujours les mêmes, que A y soit toujours égal à A,
quelle que soit la valeur absolue de ces quantités,
valeur que la pratique journalière saura déterminer
avec une exactitude suffisante. Le mot *réalité* que
les philosophes ont torturé de mille façons différentes pour lui faire avouer son sens transcendant,
ne signifie absolument rien quand on lui donne cette
valeur algébrique, toujours égale à elle-même, soit
qu'elle s'applique aux quantités les plus discrètes,
telles que les groupes de sensations que nous appelons objets extérieurs, soit qu'on l'applique aux
quantités les plus continues, telles que nos idées abstraites et nos concepts universels. En réduisant le
son ou la lumière, par exemple, à des vibrations
moléculaires, nous ne modifions en rien ces phénomènes, nous mettons une explication à la place
d'une autre. En supposant donc qu'on établisse une
relation analogue entre nos représentations et les

choses représentées, on ne changera rien à la réalité des unes et des autres.

V

Sous sa forme moderne, la théorie de l'inconnaissable s'appuie sur le principe qui sert de base au sensualisme aussi bien qu'au scepticisme, à savoir la réduction de l'ensemble des phénomènes au phénomène humain, par excellence, de la sensation. Mais ce principe est une hypothèse philosophique, une supposition tirée de données et d'observations particulières et étendue à la totalité des choses. Il peut donc être intéressant et instructif à la fois de considérer ce que ces données primitives sont devenues dans la science particulière qui n'a pu manquer, surtout depuis le sensualisme, de les développer d'une manière quelconque.

Le principe sensualiste a pris, en effet, dans la physiologie des sens la forme d'une loi particulière, connue sous le nom de loi de l'énergie spécifique des organes des sens. D'après cette loi, due à Jean Müller, des excitations extérieures identiques agissant sur les éléments nerveux des différents appareils sensitifs, y font naître des sensations différentes, et, au contraire, des excitations extérieures différentes agissant sur les mêmes éléments nerveux, y déterminent des sensations identiques. Cette loi contient tout ce que nous savons de précis sur les faits qui ont servi de germe primitif à l'hypothèse universelle du sensualisme et aux théories modernes de l'inconnaissable.

Mais un simple coup d'œil jeté sur les phénomènes résumés par la loi de Müller, suffit pour faire apprécier la disproportion énorme qui existe entre ce modeste point d'appui et l'essor pris par l'imagination des philosophes. C'est à ses propres risques et périls que la théorie de la connaissance conclut à un abîme séparant le monde extérieur du monde de nos sensations et représentations, c'est sous sa seule responsabilité qu'elle arrive à considérer l'univers comme une énigme à jamais insoluble, et qu'elle affirme que tout ce que nous pouvons observer se réduit à nos états de conscience. Il est curieux de remarquer, en passant, la contradiction qui semble exister entre les deux formules fondamentales du phénoménisme : les choses n'ont rien de commun avec nos sensations, et tout se réduit à la sensation. Cette contradiction est peut-être plus apparente que réelle ; en tout cas, elle est nécessaire au phénoménisme, car l'hypothèse de choses en soi différentes de nos sensations, est encore la seule excuse raisonnable qu'on puisse donner à la prétention de ramener tous les phénomènes au fait unique de la sensation.

Quoi qu'il en soit, d'ailleurs, ces deux points fondamentaux du phénoménisme dépassent de beaucoup la portée des faits connus. Comme conclusions tirées de l'expérience, ce sont évidemment des conclusions fausses ; comme hypothèses, ce sont évidemment des hypothèses qui resteront invérifiables tant qu'on voudra les appliquer directement à l'ensemble des choses. Elles ne pourront perdre ce caractère que si, les soumettant aux conditions de la science particulière, on restreint leur portée à une catégorie de phénomènes strictement similaires.

Mais supposons que ces deux hypothèses aient été remises aux mains des physiciens et des physiologistes ; qu'en adviendrait-il ? Il est facile de prévoir ce que dira le physicien. Les mouvements moléculaires étant pour lui les seules choses en soi qui se cachent sous l'apparence et la diversité phénoménales, et les sensations, considérées comme phénomènes physiques, n'étant encore que des mouvements matériels, il rejettera la première hypothèse comme un véritable non-sens, et, passant à la seconde, il répondra que les phénomènes qu'il étudie n'étant pas des sensations, il ne peut admettre qu'on confonde un phénomène avec un autre sous prétexte qu'il lui sert de mesure ; autant vaudrait confondre notre sensation de température avec la dilatation de l'alcool dans le thermomètre. La réponse du physiologiste ne différera pas beaucoup de celle du physicien. Sa science n'étant possible qu'à la condition de s'étayer sur les vérités démontrées par la physique, il a le droit incontestable de passer outre et de ne pas même discuter les hypothèses rejetées par la science fondamentale ; mais il pourrait dire que les sensations étant pour lui, en dernière analyse, des mouvements, il ne peut admettre qu'on leur oppose des phénomènes en soi qui, selon toute apparence, ne sont également que des mouvements ; il pourrait ajouter que les sensations qu'il a pour but d'étudier sont des faits ou des événements très particuliers, très complexes et, en somme, très peu nombreux en comparaison des faits étudiés par les sciences sur lesquelles il s'appuie.

On voit que la loi de Müller est loin de présenter une base suffisamment large pour une théorie aussi générale que celle de l'inconnaissable, mais elle est loin aussi de réunir les conditions de solidité nécessaires. Elle constate des faits d'un empirisme grossier, et cela dans un domaine où l'illusion règne despotiquement, et constitue le phénomène fondamental qu'il faudrait avant tout réduire ou expliquer. Elle parle des organes des sens et ne dit pas un mot des innombrables erreurs auxquelles les sens sont sujets; elle n'est peut-être elle-même, enfin, que l'expression empirique d'une illusion de notre esprit. Depuis qu'elle a été formulée, la physiologie des sens n'a fait que peu de progrès, mais ces quelques pas en avant ouvrent des horizons qui devraient suffire à imposer la plus grande réserve aux théoriciens de la connaissance. D'un côté, en effet, on commence à s'apercevoir que la sensation est un phénomène beaucoup plus complexe qu'on ne l'a cru d'abord, car elle est peut-être déjà une abstraction, et nos sens sont peut-être des appareils destinés à enregistrer les caractères communs les plus élémentaires des choses. D'un autre côté, après bien des tâtonnements, on arrive peu à peu à concevoir le dualisme du subjectif et de l'objectif comme une de ces illusions primordiales, qu'on ne peut vaincre que par une voie détournée, en faisant appel à des faits qui n'ont, dans la conscience, aucun rapport immédiat avec les faits qu'on se propose d'expliquer. C'est ainsi, pour ne citer qu'un seul exemple, que la science est parvenue à se débarrasser de l'importante erreur de la conscience autant que des sens, qui a si longtemps formé un obstacle infranchissable à la conception du double mouvement de la terre.

VI

Mais avant d'aller plus loin, et de considérer le
rôle que la sociologie et la psychologie concrète doivent jouer à l'égard de la théorie de la connaissance,
nous voulons répondre à une objection spécieuse qui
consiste à demander, comment la connaissance de la
connaissance peut être plus particulière que la connaissance de ce qui n'est que branche de la connaissance, ou, en d'autres termes, s'il n'y a pas un vrai
contre-sens à prétendre que la chose en général, envisagée comme objet de science, puisse être plus
particulière que telle ou telle de ses manifestations
constituantes? C'est bien ainsi pourtant que nous
l'entendons.

En soutenant ce qui semble être un simple paradoxe, nous suivons l'exemple qui nous est donné
par beaucoup d'autres sciences, sinon par toutes.
Nous n'en voulons pour preuve que les vérités pa-
radoxales des mathématiques, ou bien encore, à
l'autre bout de la série, le « paradoxe économique »
par exemple, qui consiste à démontrer que *plus*
ajouté à *plus* peut, dans certaines conditions, donner
pour résultat définitif *moins* [1].

[1] Voici en quoi consiste cette thèse curieuse, mais bien connue
des économistes. Une pièce d'étoffe qui se vendait 22 francs, par
exemple, se vend 18 francs, quoique toutes les parties constituantes
de son prix se soient sensiblement élevées : le prix de la matière
première ayant monté de 6 à 7, le salaire de l'ouvrier de 100 à 250,
et le profit du patron de 40 à 100 francs. L'explication de ce fait est
fort simple : la science a armé les travailleurs de moyens de pro-

Il n'est pas plus difficile d'expliquer le « paradoxe psychologique » consistant à dire que la chose en général, placée dans certaines conditions, est plus particulière que la chose particulière. En effet, les diverses connaissances, mathématiques, physiques, chimiques, etc., et la connaissance que nous en pouvons avoir sont des concepts différents qui sous-entendent chacun une série distincte d'idées. Mais toute idée se résout en ses éléments. La série d'idées comprise dans le concept « connaissance » marque les éléments ou caractères communs aux séries d'idées composant les concepts : « connaissance du nombre, des propriétés physiques, chimiques, vitales, sociales ». Ce concept est un extrait de ces extraits : ses éléments *immédiats* sont donc nécessairement *moins* nombreux que les éléments immédiats qui entrent dans chacun des concepts dont il est l'extrait. Mais ses éléments *médiats* sont *plus* nombreux, car il contient et sous-entend toutes les séries d'idées contenues et sous-entendues par les concepts qu'il résume. Voilà comment il se fait que le concept de connaissance est considéré avec raison comme plus abstrait ou possédant moins de caractères immédiats, et plus général ou possédant plus de caractères médiats, que le concept de connaissance du nombre qui, présentant plus de carac-

duction plus efficaces. Dans le premier cas, avec un métier à bras, l'ouvrier produisait dix pièces par trimestre ; dans le second, avec un métier mécanique, il en produit cinquante. Chacune de ces dernières est grevée d'une dépense plus forte en matière première et en amortissement d'outillage, mais porte une charge moitié moindre en salaires et en profits, pendant que, d'autre part, ce même salaire et ce même profit, se prélevant sur cinq fois plus d'unités, sont, en réalité, deux fois et demie plus considérables.

tères immédiats, est moins abstrait, et présentant
une somme moindre de caractères médiats, est
moins général. La même argumentation s'applique à
la théorie de la connaissance en général et aux
théories de la connaissance du nombre, des propriétés physiques, chimiques, etc., la première formant,
au moins didactiquement, non la base des diverses
théories particulières, mais le sommet auquel elles
aboutissent.

Mais cette argumentation s'écroule quand, au lieu
de l'appliquer à des concepts homogènes, tels que
connaissance et connaissance du nombre, théorie de
la connaissance et théorie de la connaissance du
nombre, on essaie de l'étendre à des concepts qui ne
présentent plus ce parallélisme parfait, à des concepts tels, par exemple, que la connaissance du
nombre et la théorie de la connaissance. Nous avons
ici deux séries d'idées qui se résolvent, la première,
en éléments immédiats moins nombreux, plus abstraits, et médiats plus nombreux, plus généraux,
que la seconde. Les éléments immédiats sont, en
effet, pour la première, les idées de temps, d'espace, de quantité, et pour la seconde, les idées de
vie, de molécule, de vibration, qui sous-entendent
les éléments de la première série (idées de temps,
d'espace), mais n'entrent pas elles-mêmes dans sa
composition. Au contraire, la somme totale des éléments médiats de la première série est plus grande
— elle égale, en fait, le cosmos entier — que la
même somme pour la seconde série qui n'embrasse
qu'une petite partie de la nature, le monde biologique, ou même le seul monde humain. C'est ainsi
que la connaissance de la connaissance, ou sa théo-

rie, nous donne des vérités plus particulières que toutes les autres branches du savoir, sauf peut-être la sociologie. C'est le sens vague qu'on attribue au mot *connaissance* qui imprime un aspect paradoxal à une vérité pourtant bien simple, de même que c'est sur le sens vague des termes : prix, salaire, profit, que s'établit le paradoxe économique. Il n'y a entre les deux erreurs que cette différence, que nous voyons plus difficilement la cause de la première.

L'objection verbale une fois écartée, l'objection réelle qui consiste à demander si l'universel peut être spécialisé, ou considéré à un point de vue particulier, tombe d'elle-même. Rien de plus universel, par exemple, que la quantité, et cependant elle est régulièrement étudiée à un point de vue qui est l'opposé direct du point de vue universel auquel se place la philosophie. On considère la quantité en faisant abstraction du total indistinct des phénomènes qui la constituent, et l'on se garde bien d'affirmer que tout n'est que quantité. Il faut procéder de même pour l'esprit humain et la connaissance qui est sa propriété distinctive ; il faut les étudier à un point de vue qui soit l'opposé direct de celui qui en fait l'équivalent de tous les phénomènes.

VII

Certains problèmes appartenant à la théorie de la connaissance présentent une telle complexité qu'il serait évidemment vain et inutile d'en chercher la solution dans les seules données de la physiologie du cerveau. Pour arriver à les résoudre il faut, de toute nécessité, avoir recours à d'autres méthodes que les méthodes biologiques ; il faut s'adresser à la sociologie, et surtout à la psychologie concrète qui étudie les phénomènes intellectuels que l'expérience nous montre comme se produisant sous la double influence des conditions psycho-physiques et de l'évolution historique.

Des preuves nombreuses militent en faveur de cette manière de voir. L'une des plus éloquentes est l'état actuel des connaissances qui se donnent pour une sorte de psychologie supérieure, et qui ne sont, en réalité, qu'un amas informe de suppositions arbitraires et d'observations superficielles, rappelant d'une façon frappante ces époques primitives des sciences, où quelques généralisations empiriques tenaient la place des grandes lois naturelles. Les principaux points autour desquels tournent aujourd'hui les méditations et les essais littéraires de nos meilleurs psychologistes d'observation : l'association des idées et ses quelques règles qu'on décore pompeusement du nom de lois, la nécessité, pour tout acte volontaire, d'être précédé et déterminé par un motif quelconque, le rôle de l'attention dans le mécanisme de la mémoire, etc., sont aussi scientifiques que la fusion des métaux, l'évaporation des liquides, la pesanteur des corps et tant d'autres faits connus dès l'antiquité la plus reculée.

En somme, la psychologie actuelle n'a encore trouvé ni sa place dans la série des sciences, ni sa véritable méthode ; elle est restée philosophique, comme l'était la physique à l'époque des élucubrations ioniennes. Que dirions-nous du physicien qui voudrait démontrer que la lumière est la seule chose que nous voyons, sous prétexte que nous ne pouvons voir les objets que s'ils sont éclairés? C'est pourtant le raisonnement du psychologiste philosophe qui prétend que nous ne connaissons que les états de l'esprit, et qui le prouve sans réplique possible en soutenant que nous ne connaissons les objets que lorsque nous les connaissons. A défaut de relations réelles entre les phénomènes, on se paye de mots, on accepte les truismes les plus vulgaires pour des vérités profondes et des acquisitions précieuses.

On parle encore souvent aujourd'hui d'un dernier démembrement de la philosophie. Les sciences des phénomènes les plus compliqués, dit-on, se débarrassent de plus en plus des liens des hypothèses universelles qui leur assuraient, au sein de la philosophie, une existence aussi précaire que stérile. Et c'est surtout la psychologie qu'on glorifie d'avoir reconquis son indépendance, de n'être plus ni spiritualiste, ni matérialiste. En est-on bien sûr?

Mais en supposant que ce premier pas ait été réellement franchi, il reste encore à accomplir un second qui n'est pas le moins important. Les connaissances ainsi détachées du tronc métaphysique, doivent être ramenées dans le cadre précis des sciences abstraites correspondantes. Ici se présente un fait significatif. Les courants nouveaux qui semblent vouloir emporter les derniers vestiges de l'ancienne psychologie, sortent régulièrement de deux sources : des laboratoires physiologiques et des analyses des sociologistes. La même remarque, comme j'ai déjà eu l'occasion de le constater[1], s'applique à la morale qui est également en pleine rupture de liens philosophiques ; les idées nouvelles appelées à révolutionner de fond en comble l'éthique traditionnelle, viennent des économistes et des anthropologistes. Mais l'origine de ces germes rénovateurs démontre suffisamment les rapports étroits qui existent entre la psychologie et les deux sciences abstraites de la biologie et de la sociologie.

De toutes les parties de la psychologie, c'est la théorie de la connaissance qui paraît surtout devoir être dominée par des considérations tirées de l'ordre des faits sociaux. Dans la psychologie actuelle, les théoriciens de la connaissance ne font qu'ériger en règle générale les habitudes de leur propre pensée, les caractères les plus saillants, mais souvent les moins importants de leur propre tempérament intellectuel. C'est ce grave défaut qui doit être le premier corrigé par l'étude attentive des conditions et des influences modificatrices de la vie sociale. Il faut se pénétrer de cette vérité, que le développement le plus primitif de l'intelligence, que tout usage de la raison, toute augmentation du savoir exige et suppose l'enseignement social à l'aide du langage, de l'exemple, de la tradition, — en un mot, que le fait constant de la génération intellectuelle, comme l'appelle M. de Bonald, est un phénomène d'ordre social. A son origine et dans ses racines les plus profondes, la connaissance est déjà un produit d'une évolution mi-physiologique, mi-sociologique ; il semble, en effet, que l'enfant jusqu'à un certain âge ne sache rien de la différen-

---

[1] *Philosophie positive*, années 1876-8.

ciation du sujet et de l'objet ; il ne combine, ni ne transforme ni n'oppose entre elles ses sensations qui restent pour lui de simples faits bruts. Quant à son point culminant, la connaissance est un fait complexe qui ne se produit jamais en dehors de l'intervention, souvent prépondérante, de nombreux facteurs sociaux. La théorie de la connaissance n'a pas de plus sûr appui que l'histoire des sciences, grâce à laquelle elle-même devient en quelque sorte une théorie de la filiation ininterrompue des progrès de l'intelligence.

Mais ce ne sont pas seulement les grandes découvertes de la science au moment où elles se font et pendant qu'elles se propagent, qui doivent être considérées comme constituant un phénomène social, un chaînon dans la série complète du développement humain, — ce sont encore toutes nos idées un peu complexes, nos conceptions un peu générales, la plupart de nos penchants prétendus naturels et irréductibles, et par-dessus tout nos idées et nos croyances religieuses, morales, philosophiques. Tous ces phénomènes peuvent être modifiés ou même éliminés par l'ensemble des conditions qui constituent ce qu'on appelle une civilisation, et tous sont soumis aux lois et aux méthodes sociologiques, tous, par conséquent, rentrent dans le cadre d'une science concrète dont on ne fait que soupçonner l'existence. Mais j'ai assez longuement parlé de cette science dans un précédent ouvrage, pour me dispenser de revenir ici sur ce sujet, soit pour exposer les conditions dans lesquelles doit s'opérer le triage préalable de la masse confuse des phénomènes vitaux, sociaux et bio-sociaux ou psychologiques, soit pour indiquer

les méthodes et les procédés propres à cette nouvelle
branche du savoir [1].

VIII

Il nous reste encore à passer rapidement en revue
trois questions importantes. Les deux premières
auront trait à la valeur logique du concept de l'inconnaissable, dans son application aux sciences de
la nature, et à la psychologie proprement dite; la
troisième se rapportera à l'action qu'une conception
juste du rôle et des attributions de la philosophie
scientifique ne peut manquer d'exercer sur le
mirage de l'inconnaissable.

Quelle est la valeur exacte du concept de l'inconnaissable dans les sciences de la nature extérieure?
Elles n'ont jamais eu directement à faire à ce concept, ce sont elles cependant que la philosophie vise
surtout, quand elle commande au savoir humain de
s'arrêter, de ne pas chercher à scruter des mystères
insondables, de demeurer saisi d'un respectueux
effroi tantôt devant les déités, les entités, tantôt devant les lois naturelles, les causes premières, les destinées finales. La philosophie a été infiniment plus
libérale envers les sciences de l'esprit; elle y trou-
vait la conscience humaine qui lui paraissait être
un flambeau de plus, incertain et vacillant sans
doute, mais ajoutant quelque clarté. Cette dualité
d'appréciation n'a rien d'étonnant. La théorie de l'in-

---

[1] *Sociologie*, ch. III, IX, X, XI.

connaissable a toujours été intimement liée à l'automorphisme philosophique ; elle est née du besoin d'expliquer l'objectif par le subjectif, de comprendre le monde comme sensation, comme représentation, comme volonté. Lui reprocher de n'avoir pas cherché à expliquer le subjectif par l'objectif, de ne s'être pas efforcé de comprendre l'esprit comme un simple mécanisme servant à enregistrer le monde, de n'avoir pas tâché de dévoiler ce qu'il y avait d'étrange dans la prétention de l'appareil de considérer les signes qu'il trace comme la seule réalité connaissable, c'est lui reprocher son origine même et son unique raison d'être.

Quoi qu'il en soit, l'imputation de la philosophie n'a pas ralenti la marche en avant des sciences naturelles ; quant à l'arrêter, il n'en a jamais été question. Il aurait fallu pour cela des arguments de fait qui ont complètement manqué aux théories hypothétiques sur les limites de la connaissance. On sait, du reste, que c'est précisément alors que les sciences exactes accomplissaient leurs plus grands progrès, que l'agnosticisme a atteint son plus grand épanouissement. Aujourd'hui, placées en présence de l'inconnu qu'elles ont pour mission constante de réduire, les sciences de la nature se préoccupent si peu de l'inconnaissable, qu'elles semblent vouloir définitivement le reléguer au rang des vieux épouvantails, des moyens de contrainte et de discipline devenus désormais inutiles. Où faut-il chercher le secret de cette imperturbable assurance de la science positive ?

Je me suis souvent étonné qu'un des plus profonds penseurs de l'époque actuelle, Auguste Comte, soit demeuré un croyant à l'inaccessibilité des causes

premières et finales, moins fervent peut-être que
certains de ses disciples, mais tout aussi catégorique
dans son affirmation de la réalité de l'inconnaissable.
Comte est précisément, de tous les philosophes, celui
qui a eu la fortune de trouver la formule d'incanta-
tion la plus efficace contre le fantôme de l'inconnaissable, mais il n'a pas su s'en servir et n'a pas vu son
application la plus naturelle, celle qui s'imposait,
pour ainsi dire, d'elle-même.

Dans de nombreux passages du *Cours de philosophie positive*, Comte laisse en effet clairement
entrevoir que la science exacte, loin de renoncer à
la connaissance des causes dites ultimes et de les
ignorer totalement, a pour office direct et constant
de les rechercher, de s'en emparer, de les soumettre
à l'action puissante de ses méthodes et, finalement,
de les transformer en ce qu'il y a de plus et de mieux
déterminé dans le domaine scientifique, — les conditions d'existence des choses et leurs lois naturelles.
C'est ce que Comte appelle lui-même le grand principe des conditions d'existence, ou la transformation
positive de la doctrine des causes finales. C'est là,
chaque fois, de la part de la science, une transformation réelle, et non pas seulement formelle ou
verbale, une vraie découverte. Depuis Comte, les
sciences biologiques ont fait grandement valoir ce
point de vue ; on peut même dire qu'elles ont su le
faire prévaloir. Le « transformisme » n'est qu'une
extension à un domaine immensément vaste de faits,
du principe posé par Comte, et la leçon qu'en retire chaque jour la philosophie n'est, en vérité,
qu'une protestation rajeunie contre la vieille doctrine de l'inconnaissable. Mais ce qui est vrai des

causes finales, doit l'être aussi des causes premières
qui ne sont qu'un autre aspect de la finalité ; elles
doivent donc également pouvoir être ramenées
aux conditions d'existence des choses, à leur
lois naturelles.

Il devient de plus en plus évident que si la science
élimine, comme on dit, les causes premières et les
causes finales, c'est-à-dire l'inconnaissable, elle le
fait selon la bonne méthode algébrique — la seule
efficace pour faire réellement disparaître une inconnue d'une équation ; elle y substitue une valeur
égale en quantités connues ou du moins combinées
avec d'autres inconnues. Il est certain, d'autre part,
que l'inconnaissable réapparaît chaque fois qu'on
fait fausse route, qu'on emploie une mauvaise méthode, qu'on va étudier une question biologique,
par exemple, en astronomie, ou un fait particulier
quelconque en philosophie, et chaque fois qu'on a
recours à l'hypothèse universelle et invérifiable.
D'ailleurs, le concept de causalité n'étant encore
étudié que par les philosophes, au lieu de l'être par
les physiologistes et les psychologistes, il n'est pas
surprenant qu'on continue à parler de causes premières et de causes finales. Autant vaudrait, en sens
inverse, s'étonner de ce que le verbiage pythagoricien
sur la puissance des nombres soit devenu, entre les
mains de la science spéciale, le superbe édifice mathématique qu'on connaît.

Le fondateur du positivisme côtoie la vérité une
fois de plus lorsque, dans sa philosophie chimique, il
pose comme le premier et le plus important axiome,
que les chimistes ne doivent jamais affirmer l'indé-
composabilité nécessaire des corps qu'ils sont pour-

tant forcés de concevoir comme simples. C'est là une
vérité plus générale que ne le pensait Comte ; elle
trouve son application dans toutes les sciences. Nous
ne devons jamais affirmer l'irréductible dans un
autre sens que celui de non-réduit. Tel devrait être le
premier et le plus important axiome de toute théorie
positive de la connaissance. Fort juste aussi est la
remarque de Comte, que la chimie serait impossible
s'il n'existait qu'une seule substance élémentaire,
toute idée de composition et de décomposition étant
par cela même annulée. Cette vue dont la portée
dépasse beaucoup les limites de la chimie, peut être
considérée comme le second axiome d'une théorie positive de la connaissance, car on ne réfléchit pas
assez que s'il n'existait qu'une seule propriété, la
science deviendrait impossible, toute idée de rapport, de relation ou de loi étant ainsi exclue. Comme
le dit encore Comte, il vaut mieux compliquer l'idée
abstraite de la matière, afin de la rendre plus réelle,
que de chercher à la simplifier à tout prix sans s'in-
quiéter de la réalité. Les cinq ou six propriétés irréductibles universellement admises aujourd'hui, ne
sont qu'une complication de ce genre, un artifice
scientifique pour rendre plus réelle la conception
générale de la nature et de ses lois.

Mais, nous objectera-t-on, quand vous aurez
transformé les causes premières et finales en conditions d'existence, quand vous aurez réduit l'essence intime des choses aux groupes de faits principaux et distinctifs qui les composent, et quand
vous aurez montré que toute loi naturelle est une
équation entre deux rapports généraux, vous n'aurez
fait que reculer la difficulté, que transposer les

bornes du savoir ; en substituant l'inconnu à l'inconnaissable, vous n'aurez nullement éliminé ce dernier.

Avec cette objection qui, en raison de sa banalité même, a une prise puissante sur la majorité des esprits, nous retombons dans l'équivoque verbale, dans le vaste désert des paroles à double sens. Mais ici encore un changement notable s'est accompli. Le désert métaphysique a été parcouru tant de fois dans toutes ses directions, que les moins attentifs ont fini par connaître l'emplacement précis de ses passages réputés les plus dangereux ; on en a décrit, étiqueté, classé un certain nombre, on en a singulièrement réduit le total, on a enfin indiqué les précautions à prendre pour traverser ou tourner les obstacles. L'objection présentée plus haut en est déjà une preuve ; elle ne paraît plus guère très redoutable aujourd'hui ; et demain, qui sait ? elle fera peut-être hausser les épaules. Ne semble-t-il pas de plus en plus probable, en effet, que le déplacement ou le reculement des limites de la connaissance n'est qu'un effet d'optique mentale, sinon même une simple métaphore à laquelle on a fini par croire, à force de l'entendre répéter ? La disparition lente de l'inconnu qui nous environne de toutes parts dans la connaissance directe — dans la connaissance de l'enfant, du sauvage, de l'homme inculte — est un fait constant, indubitable. Mais ce fait ne signifie absolument rien, s'il est autre chose qu'une transformation, un processus psychologique qui, laissant toujours un résidu après lui, n'en est pas moins réel, n'en est pas moins comparable à toutes les autres formes de l'évolution. Appeler la

série des résidus qui le caractérisent — les inconnaissables des différentes époques, est une formule
très juste que nous adoptons nous-mêmes; mais
voir dans le concept abstrait de l'inconnaissable
autre· chose que le signe de l'ensemble des caractères communs à la foule d'inconnaissables réels
et historiques, par conséquent le signe qui connote
leur *variabilité incessante*, et en faire le représentant d'une *réalité invariable*, c'est commettre
une faute grossière de logique et de grammaire,
c'est employer improprement un terme pour lui faire
exprimer quelque chose qui est le contraire de l'expérience qu'il sert à résumer.

Ce n'est d'ailleurs pas la seule équivoque verbale
dans laquelle se complaisent les théoriciens de l'inconnaissable. Ils ne se laissent que trop souvent
abuser par les significations multiples de la plupart
des termes abstraits, et surtout des termes négatifs.
C'est ainsi, pour ne citer que deux exemples, qu'en
nous parlant de l'*inaccessible*, ils ne font jamais
attention que parmi les choses qui ne sauraient être
atteintes, celles qui le sont déjà viennent en première ligne ; et qu'en nous parlant de l'*indéfinis-
sable*, ils oublient volontiers que les choses ne
peuvent être définies, comme l'accorde ·M. Spencer
lui-même, qu'au moyen de termes de plus en plus
généraux. Toute identité très vaste, tout caractère
universel, toutes les plus grandes vérités de la
science rentrent directement dans la catégorie des
choses indéfinissables.

La science s'efforce non seulement de transformer
l'indistinct en distinct — ceci n'est qu'un premier
pas — mais encore et surtout de trouver et de fixer,

au milieu de la diversité déjà distinguée, le semblable, le commun, l'identique. Une identité se con-
fond cependant si bien avec une indistinction, quand
on veut les traduire toutes deux en termes psychologiques, ou les ramener directement à des faits de
conscience, qu'il n'est pas étonnant de voir les philosophes, qui sont de purs empiriques en psychologie,
tomber dans la confusion, et prendre les identités
générales déjà établies par la science pour de l'inconnu qu'elle cherche encore à réduire.

IX

Considérons maintenant la valeur du concept de
l'inconnaissable dans la psychologie proprement dite.

L'inconnaissable est une réalité d'ordre cosmique
dont on fait la limite universelle du savoir, ou une
réalité d'ordre idéologique très spéciale et appartenant à cette partie de la psychologie qui s'occupe
des procédés à l'aide desquels nous formons, décom-
posons et recomposons nos idées générales. Sur le terrain psychologique, l'inconnaissable n'est guère plus
qu'un merveilleux exemple de l'élasticité extraordi-
naire de l'esprit humain, du raffinement et de la
subtilité qu'il apporte dans ses opérations analytiques. Mais c'est seulement dans ces étroites limites
que cette notion peut encore conserver un sens
précis. Tout jugement et toute idée, considérée
comme résultante d'une série latente de jugements,
peuvent être représentés par l'équation $X = a + b + c + d$... Mais si dans la formule d'un jugement

ou d'une série de jugements· quelconques, on fait
abstraction du second membre de l'équation, des
attributs affirmés, on reste en présence du premier
membre qui devient, par là même, une donnée indéterminée, une inconnue. Par conséquent, si dans
l'équation : Toute sensation ou toute perception qui
est un composé de sensations, est égale à une série
d'éléments qu'on appelle réalité objective *plus* une
série qu'on nomme organisation cérébrale, c'est-à-
dire si dans la formule $P = O + S$, on fait abstraction soit de la série O, soit de la série S, soit de
leur somme, l'équation n'existera pas, le jugement
deviendra·impossible, sauf les cas, si fréquents d'ailleurs, des jugements par ignorance, dans lesquels on
prend la partie pour le tout ou le composé pour un
de ses éléments [1]. En retranchant leurs seconds
membres de l'équation principale $P = O + S$ et des
équations dérivées $O = P - S$ et $S = P - O$, les
données P, O et S deviennent des inconnues ; mais
c'est précisément parce que nous possédons· tous les
éléments essentiels du problème, c'est parce que nous
savons exactement, quoique d'une manière générale,
ce que sont P, O et S, que nous pouvons affirmer
que présentés ainsi, ils seront toujours inconnaissables. Telle est la valeur technique de ce terme en
psychologie. L'inconnaissable ou la chose en soi est
ici la chose connue directement et indirectement,
connue comme partie intégrante d'un composé, et
·dont on affirme qu'elle ne peut être connue comme
·ne faisant pas partie intégrante de ce composé.

---

[1] Ces sortes de jugements sont dans l'exemple choisi : $P = O$
(matérialisme naïf), ou $P = S$ (idéalisme naïf).

L'inconnaissable désigne donc le résultat final de l'opération intellectuelle qui consiste à nier une connaissance certaine, toujours vérifiable, ou à nier l'évidence [1]. En niant l'évidence, nous créons de l'inconnaissable s'il s'agit de *connaissance*, et nous créons de l'absurde s'il s'agit de *logique*. Ainsi, je vois un tapis rouge, mais j'affirme qu'il n'est pas rouge ; et puisque, en réalité, je ne puis dire qu'il est blanc, noir ou gris, je n'ai plus qu'à me croire le jouet d'une illusion plus forte que ma volonté, et à déclarer que je ne puis connaître la vraie couleur du tapis, la couleur en soi, le pendant exact de l'objet en soi des métaphysiciens.

Cette courte explication suffit pour indiquer la distance qui sépare l'inconnaissable, terme de psychologie, de l'inconnaissable, terme d'ontologie, base de conceptions du monde métaphysiques et théologiques. L'explication revient simplement à dire qu'on peut et qu'on doit chasser l'incohérent et l'absurde de la science et de la philosophie, mais qu'il faut nécessairement continuer à employer ces termes dans la théorie de l'incohérent et de l'absurde. Je trouve toutefois nécessaire d'ajouter à ce qui précède deux remarques qui me paraissent propres à éclairer le débat.

La première sera une courte réponse à une objection qui, pour être souvent faite, n'en est pas meilleure. « *Intelligible*, dit-on, n'est pas synonyme de *connaissable* ; nous pensons le noumène, nous comprenons qu'il existe, nous en avons une idée, et néan-

---

[1] Cf. l'explication de la chose en soi à la p. 334 de l'*Ancienne et nouvelle philosophie*, note 6.

moins cette idée ne peut le déterminer en rien, de sorte qu'il est pour nous l'inconnu, *l'inconnaissable.* »

Le philosophe qui a écrit ces lignes — et c'est là une opinion courante, qu'on retrouve dans tous les manuels de philosophie — est un critique brillant, un écrivain de talent, mais n'est pas un psychologiste, car, s'il y a quelque chose de bien établi dans la science si riche en faits inexpliqués qu'on nomme la psychologie, c'est certainement la liaison patente qui existe entre le concret et l'abstrait, entre l'image et l'idée. Avoir une idée veut dire — et ne veut dire que cela — noter au moins *un* caractère commun, reconnaître au moins *une* identité, dans un groupe ou un ensemble quelconque soit d'idées, soit d'images. De sorte que l'idée que nous avons du noumène le détermine parfaitement, comme l'idée que nous avons du phénomène détermine celui-ci, comme l'idée du néant détermine le néant, l'idée de l'être détermine l'être, comme enfin l'idée de « n'être déterminé en rien » détermine le « ne pas être déterminé ».

L'inconnaissable est une idée qui se détermine elle-même tout autant que le connaissable. Le caractère commun constituant le contenu d'une idée peut revêtir la forme négative, cet artifice n'amoindrit en rien et ne fait pas disparaître le caractère commun. Il suffit d'ailleurs de la moindre expérience clinique d'insensibilité pour saisir la nature intime du non-être ; mais je n'insiste pas sur ce point si évident pour tout homme au courant de la physiologie cérébrale. Je conclus que l'inconnaissable est une réalité du même ordre idéologique que le connaissable dont c'est la simple négation, une forme ou un mode d'existence. La mathématique qui est de la logique très parfaite, a depuis longtemps résolu par sa théorie des quantités négatives, cette apparente difficulté psychologique. Je conclus, en outre, qu'une psychologie scientifique de l'inconnaissable terminera facilement le débat plusieurs fois séculaire du nouménisme et du phénoménisme, du réalisme et du nominalisme, en montrant que ce sont là deux manières différentes de nommer, plutôt même que d'envisager la même chose, l'idéation, objet très particulier d'une étude très particulière.

Ma seconde remarque sera celle-ci. Il y a deux manières de faire de l'inconnaissable ; on peut en faire en prenant pour point de départ l'inconnu, et on peut en faire aussi avec le connu. L'inconnu est déclaré non convertible en connu : c'est là l'inconnaissable primitif, l'hypothèse invérifiable quand elle apparaît dans une conception du monde quelconque, théologique ou métaphysique. C'est l'inconnaissable des religions irréfléchies ou de premier jet, et des systèmes métaphysiques correspondants. D'autre part, le connu peut être nié comme tel, et alors il se métamorphose presque directement en inconnaissable, la phase où il n'est que de l'inconnu étant parcourue aussi rapidement que la mineure d'un syllogisme. C'est le cas des philosophies théologiques et métaphysiques réfléchies, subtiles, raffinées et, sociologiquement parlant, décadentes. Dans la première alternative, il y a une hypothèse particulière qui, hâtivement généralisée et rendue universelle, devient invérifiable ; dans la seconde, il y a une hypothèse déclarée invérifiable d'emblée, indépendamment de son caractère général ou particulier, mais qui ne le devient effectivement que parce qu'elle est transportée dans le domaine philosophique. Je ne m'arrête pas à la démonstration du droit que nous avons de donner le nom d'hypothèse à la négation d'une chose connue, car il est clair qu'il y a au fond de toute négation de cette espèce la supposition que l'évidence nous trompe, que notre connaissance est fallacieuse.

X

Une conception juste du rôle et des attributions de la philosophie, avons-nous dit plus haut (VIII), mettra fin à l'illusion de l'inconnaissable. Cette vue fausse de l'esprit caractérise la grande période préparatoire pendant laquelle se poursuivait la constitution lente et graduelle des sciences positives, et ses racines doivent être cherchées dans l'ensemble des faits qui ont rendu possible l'existence de la théologie et de la métaphysique. L'inconnaissable, nous ne nous lasserons pas de le répéter, a été en effet l'âme de l'ancienne philosophie, le principe qui l'a toujours soutenue, qui seul est demeuré à peu près immuable au milieu des métamorphoses que les doctrines générales ont subies, et qui renferme encore aujourd'hui tout ce qui reste de vitalité à l'idée religieuse et à l'idée métaphysique.

Les partisans de la philosophie scientifique telle qu'elle existe de nos jours, ont cherché la principale cause des erreurs du passé dans une séparation trop radicale entre le domaine de la philosophie et celui de la science, et dans la divergence absolue des méthodes employées par les philosophes et les savants. J'estime cependant que c'est là une explication tout à fait insuffisante, et j'ajoute que les philosophes modernes me semblent avoir été trompés par de simples apparences et une terminologie vague et inexacte. Je crois, au contraire, que ce qui a rendu possible l'ancienne philosophie, et devrait être par conséquent considéré comme sa principale condition d'existence, c'est la confusion constante des problèmes philosophiques avec les problèmes scientifiques, c'est la croyance erronée à leur identité de nature, et, comme conséquence inévitable, l'emploi d'une même méthode pour les résoudre.

La célèbre doctrine de la relativité de nos connaissances repose tout entière sur cette fausse appréciation du passé mental de l'humanité. A ce point de vue, elle peut être considérée comme le résultat temporaire de notre ignorance en matière sociologique et de l'habitude, contractée en d'autres temps, de traiter le problème de la connaissance en dehors de cette branche du savoir.

Le relativisme moderne divise le monde en deux parts : l'une qu'il appelle l'absolu et qui représente la réalité que nous ne pouvons jamais connaître et dont l'étude appartient par suite à la fiction pure ; l'autre qu'il nomme le relatif et qui représente une réalité différente de la première, sans qu'on puisse savoir en quoi consiste cette différence, puisqu'on ne peut connaître l'unique terme de comparaison possible. De cette *seconde face* des choses, on dit qu'elle est la seule réalité vraie, la seule possible, relativement à l'homme et à ses moyens de connaître les choses bien entendu ; pourtant cette réalité seconde nous est donnée comme apparente, comme purement phéno-ménale, et en même temps comme rigoureusement déterminable, rigoureusement constante, soumise à des lois immuables que non seulement nous pouvons connaître, mais dont la connaissance est le vrai but de toute science et de toute philosophie.

Ayant ainsi admis, dans l'univers, deux espèces de réalités, l'absolu et le relatif, la théorie moderne de la connaissance procède à leur répartition. A l'ancienne philosophie théologique et métaphysique l'absolu, le rêve, la fiction, la réalité première ; à la nouvelle philosophie scientifique le relatif, le déterminable soumis aux lois phénoménales, la réalité seconde et dérivée. Entre l'absolu qui devient le synonyme de l'inconnaissable, et le relatif qui est seul connais-sable, il y a l'infranchissable abîme qui a toujours séparé l'ancienne philosophie de la nouvelle, les religions et les systèmes métaphysiques des concep-tions philosophiques plus récentes. Nous voilà reve-nus à notre point de départ, à ce que nous avons jugé être une vue fausse de l'évolution mentale, une erreur de sociologie.

Je ne connais rien de plus sensé ni de plus vrai que la théorie du relatif, si on l'interprète en un sens purement sociologique que j'indiquerai plus loin. Mais cette théorie devient incohérente, arbitraire et contradictoire, si on lui retire l'appui des faits et des lois sociologiques, si on la fait reposer sur une vue erronée de l'ensemble du développement intellectuel des sociétés, et si on lui conserve sa détestable termi-nologie actuelle.

On a déjà pu s'en rendre compte par l'exposé succinct que je viens de donner de cette doctrine ; mais, pour lever tous les doutes, je crois devoir citer ici, du « Cours de philosophie positive », une page qui est importante, car, historiquement, elle a été l'un des trois points de départ (les deux autres se trouvent dans les œuvres de Hume et de Kant) du mouvement relativiste moderne, et, doctrinalement, elle contient et résume en dix lignes tout ce qui a été enseigné de vraiment essentiel sur ce sujet depuis 1839.

« Quant à la doctrine, la philosophie positive, dit Comte, se distingue par une tendance à rendre relatives toutes les notions qui étaient d'abord absolues. Le passage de l'absolu au relatif constitue l'un des plus importants résultats de chacune des révolutions intellectuelles. Au point de vue scientifique, on peut regarder le contraste entre le relatif et l'absolu comme le caractère distinctif entre la philosophie moderne et la philosophie ancienne. Toute étude de la nature intime des êtres, de leurs causes premières et finales, est absolue ; toute recherche des lois des phénomènes est relative, puisqu'elle subordonne le progrès de la spéculation au perfectionnement de l'observation, *sans que l'exacte réalité puisse être, en aucun genre, parfaitement dévoilée.* Le caractère relatif des conceptions scientifiques est aussi inséparable de la notion des lois naturelles, que la tendance aux connaissances absolues l'est des fictions théologiques ou des entités métaphysiques [1]. »

Je ne m'étendrai pas sur les défauts de la théorie relativiste de la connaissance, une critique détaillée

---

[1] *Cours*, tome IV, p. 297 ; cité d'après le résumé de Rig, II, p. 67

de cette doctrine formant le sujet d'un ouvrage que je prépare en ce moment, j'en dirai seulement içi quelques mots. L'absolu et le relatif sont des termes vagues qu'il faut constamment traduire par d'autres termes pour leur faire signifier quelque chose. Sont-ils positifs tous les deux, comme semblent le croire ceux qui parlent de deux réalités, exactes toutes les deux d'une certaine façon, mais l'une inconnaissable et l'autre connaissable ? ou bien l'un des deux termes est-il négatif, et lequel alors ? ou bien encore tous les deux sont-ils négatifs ? Autant de questions qu'on peut résoudre dans le sens qu'on voudra, et qui donnent naissance à autant de malentendus. Je veux bien que tout soit relatif, mais alors comment lui opposer l'absolu ? il y aurait donc quelque chose qui ne serait pas relatif ? Ou tout est absolu, mais comment alors lui opposer le relatif ? il y aurait donc quelque chose qui ne serait pas absolu ?

Certes, à cette fâcheuse alternative, il existe une issue, irréprochable au point de vue logique. Mais grâce à la présupposition de l'inconnaissable, pure hypothèse que les relativistes mettent néanmoins au-dessus de toute vérité, ils ne peuvent sortir de ce double dilemme, qu'en affirmant que tout est absolu et relatif à la fois, c'est-à-dire en commettant un illogisme flagrant, et en violant ouvertement le principe d'identité.

Il leur est, en effet, interdit de défendre leur position par cet argument, qu'une seule et même chose peut être tantôt absolue, placée dans un ensemble déterminé de conditions, et tantôt relative, placée dans des conditions différentes. Il ne leur est pas permis d'admettre qu'une même chose puisse, suivant les circonstances, être tantôt inconnaissable, tantôt connaissable, comme un objet qui serait, tour à tour, exposé et soustrait à la lumière. Il n'est pas question, pour eux, d'un passage, facultatif ou non, de l'ignorance à la science, mais d'une ignorance éternelle, qui ne peut jamais se transformer en savoir, et qui pourtant en est inséparable. C'est ce que Hegel avait parfaitement compris, quand il déclarait que l'absolu est naturellement placé en dehors de toutes les lois de la logique.

Cette offense à la logique ne profite d'ailleurs pas à ceux qui la commettent. Aucun abîme n'est creusé entre l'absolu et le relatif, et la distinction qu'après s'être donné tant de mal, on réussit enfin à établir entre ces deux concepts, est, sinon complètement illusoire, au moins d'une importance secondaire.

Qu'est-ce que l'absolu ? la nature intime des êtres, les causes essentielles des choses. Qu'est-ce que le relatif ? les lois des phénomènes. Comment étudie-t-on ces lois ? en s'appuyant sur des relations observées et observables, c'est-à-dire, en définitive, particulières et concrètes. Et comment a-t-on étudié jusqu'ici la nature intime et les causes essentielles des choses ? en s'appuyant sur des relations non seulement fictives et supposées, — l'étude des relations scientifiques débute également par des fictions et des hypothèses — mais encore tellement générales et abstraites, que ce n'est que par une suite de savantes synthèses qu'on peut les ramener aux relations concrètes observables et vérifiables.

L'absolu n'est pas autre chose. Ce n'est jamais que le relatif très abstrait, très général, et surtout très *humain*, très anthropomorphe, parce que, en pre-

mier lieu, l'abstrait et le général sont des choses
essentiellement humaines, et, en second lieu, parce
qu'une action d'arrêt, d'inhibition, un acte volontaire
se produit régulièrement ici qui empêche tout retour
au concret et toute réduction à ce qu'on nomme la
loi naturelle. L'absolu est donc l'abstrait et le général atteints par d'autres moyens que. ceux de la
science. Comme la philosophie qui l'a recueilli,
l'absolu est une abstraction prématurée, venue avant
l'heure, poussée spontanément, sans culture préalable, et, en ce sens, composée d'autant de préjugés
et d'erreurs que de vérités incomprises ou vaguement entrevues. Par conséquent encore, à moins de
chasser l'homme de la nature, ou d'en faire le principe indépendant et générateur des choses, la distinction ordinaire entre l'absolu et le relatif ne tient
pas debout un seul instant. Il y a bien entre l'absolu
et le relatif une différence, mais ce n'est pas celle
qu'on imagine. Si donc l'on veut continuer à parler
du passage de l'absolu au relatif comme caracté-
risant la nouvelle philosophie, il faut insister, pre-
mièrement, sur la vraie signification de ces termes,
et deuxièmement, sur ce que ce passage n'a pas
été effectué dans la théorie de la connaissance. Rien
de plus juste, d'ailleurs, que cette observation de
Comte, que l'esprit absolu est reconnaissable surtout
par sa chimérique tendance à exercer sur les phénomènes correspondants une action illimitée. Cette
tendance dévoile la vraie nature de l'absolu, qui est
d'être du fictif, de l'arbitraire. La recherche du
meilleur gouvernement, par exemple, abstraction
faite de tout état social déterminé, qu'est-ce, sinon
une recherche qui, n'admettant pas l'étude du parti-

culier et du concret, ne souffre aucune vérification
ni aucune contradiction? Les idées arbitraires et
l'absolu en général n'en sont pas moins infiniment
plus modifiables et, par suite, plus variables que
les idées scientifiques et relatives, toujours strictement déterminées et limitées.

Une partie des vues de Comte présentent, du
reste, ce double caractère : elles confirment notre
manière de voir et contredisent la thèse générale
qu'il soutient. Son œuvre ressemble, à cet égard, à
l'œuvre de celui qu'il appelle lui-même « l'illustre
Kant », et dont il dit qu'il « a mérité une éternelle
reconnaissance en tentant le premier d'échapper
à l'absolu philosophique par sa célèbre conception
de la double réalité à la fois objective et subjective ».
A part cette double réalité que tous deux affirment
hypothétiquement et qui les conduit au contre-sens
de l'inconnaissable, le *Cours de philosophie positive*
renferme un grand nombre d'idées justes, de remarques aussi profondes que celles qui ont fait la ré-
putation de la *Critique de la raison pure*. Je n'en
veux ici pour preuve que cette idée si féconde, mais
restée sans développement, que rien de décisif ne
sera possible dans la théorie de la connaissance,
tant que l'évolution scientifique ne s'étendra pas aux
spéculations sociales, ou tant que, se bornant à l'appréciation statique de l'intelligence individuelle, on
ne la complètera pas par l'appréciation dynamique
de l'intelligence collective de l'humanité; ou bien
encore cette observation si vraie, que rien n'est plus
propre à ruiner l'absolu philosophique, qu'une étude
instituée pour dévoiler les lois de la variation des
opinions humaines.

XI

Mais tout change d'aspect dans la théorie de la
connaissance, sitôt qu'on consent à y prendre pour
guide la science des faits sociaux, sitôt qu'on applique à l'évolution intellectuelle les lois sociologiques
qui la gouvernent, et qu'on acquiert ainsi une vue
plus juste du rôle et des véritables attributions de la
philosophie. On apprécie alors sainement le passé
religieux et métaphysique de l'humanité ; on s'aperçoit que ce passé s'est trompé non pas pour avoir
trop rigoureusement séparé la philosophie de la
science, mais précisément pour les avoir identifiées,
pour avoir méconnu la loi générale du développement de nos connaissances, pour avoir fait de la philosophie avant que la philosophie ne fût possible ; on
s'aperçoit que cette philosophie n'a été, au double
point de vue des procédés généraux et du contenu
doctrinal, qu'un calque servile, qu'une imitation de
la science, qu'une confusion évidente du particulier
et du concret avec l'abstrait et le général. On voit
enfin, que la théorie actuelle de la connaissance et
son point culminant, la croyance à l'inconnaissable,
forment la résultante nécessaire de cet état de choses
et de sa longue durée. Leur importance est purement
historique ; cette doctrine et cette croyance constituent le résumé, l'extrait, la marque et l'attribut le
plus caractéristique d'une phase déjà parcourue de
l'évolution.

Un autre pas aura été fait dans la même direction le jour où l'on abandonnera la terminologie équivoque usitée jusqu'ici, pour la remplacer par une terminologie plus exacte, et surtout moins abstraite et conservant des liens étroits avec les faits particuliers de la science spéciale. On bannira alors, de la théorie de la connaissance, les trois oppositions trop vagues et trop générales du relatif et de l'absolu, du connaissable et de l'inconnaissable, du scientifique et du métaphysique, et on les remplacera par un seul couple terminologique : le *vérifiable* et l'*invérifiable*, qui est le substitut scientifique parfait, le synonyme exact des trois couples précédents. Ce couple unique possède en outre l'avantage de déterminer rigoureusement, dans le vaste genre de la connaissance, l'espèce particulière de savoir, à laquelle s'est toujours exclusivement rapporté tout ce qu'ont dit à ce sujet les relativistes et leurs adversaires, car il ne s'est jamais agi pour eux, dans cette partie de la théorie de la connaissance, que du savoir hypothétique proprement dit. C'est par l'hypothèse qu'on conçoit et qu'on a toujours conçu, c'est avec son aide qu'on traite et qu'on a toujours traité l'absolu, l'inconnaissable, les déités, les entités, les causes premières, les causes finales. C'est sur les propriétés du savoir hypothétique qu'ont roulé et roulent encore les débats les plus passionnés de la philosophie. Les mots et les noms n'y font rien ; réalisme, nominalisme, phénoménisme, agnosticisme, infinitisme, subjectivisme, problème de la certitude, question de l'extériorité de la conscience, il ne s'agissait toujours que de la probabilité plus ou moins grande de certaines hypothèses, et, d'une manière générale, de la possibilité,

pour notre esprit, de vérifier certaines classes particulières de suppositions.

Il n'est donc que juste, si on veut faire sortir cette
partie de la théorie de la connaissance des subtilités
verbales au milieu desquelles elle s'est perdue, de
faire réapparaître, aux yeux de tous, par une bonne
terminologie, son véritable et unique objet d'investigation. La théorie du relatif et de l'absolu, de l'inconnaissable et du connaissable, de l'*à priori* et de
l'*à posteriori,* du métaphysique et du scientifique,
n'ayant jamais été que la théorie de l'invérifiable et
du vérifiable, autant vaut appeler les choses par leur
vrai nom, et ne pas augmenter les difficultés réelles
par des difficultés factices et créées à plaisir. Cette
probité intellectuelle porte avec elle sa récompense :
on ne se heurte plus aux lois de la logique, on ne
viole plus le principe de l'inconcevabilité du contraire. L'invérifiable se transforme en vérifiable, et
vice versa, dans certaines conditions ; mais il n'est
jamais à la fois lui-même et son contraire, comme
l'ancien absolu et l'ancien relatif, comme l'inconnaissable et le connaissable.

La théorie de l'hypothèse est destinée à prendre
dans la doctrine psychologique de la connaissance,
la place qu'occupe aujourd'hui, dans la doctrine métaphysique, la théorie de l'inconnaissable. Cette conclusion est une de celles que nous voudrions voir
ressortir avec le plus de force de l'ensemble de ce
travail. Il est clair, cependant, que nous ne saurions
songer à présenter ici une théorie tant soit peu complète de l'hypothèse et des conditions qui la rendent,
tour à tour, vérifiable et invérifiable. Nous ne pouvons aborder ce sujet que d'une façon tout à fait

incidente. Aussi nous bornerons-nous à quelques considérations très générales que nous résumons dans les six points suivants :

1. Toute hypothèse, la plus générale comme la plus particulière, contient nécessairement un certain nombre de faits qui demeurent à l'état de faits inconnus, tant que l'hypothèse n'est pas vérifiée, positivement ou négativement. Mais le premier pas et le plus difficile, pour atteindre la connaissance de ces faits, est leur classification dans la série des sciences, la détermination de l'espèce particulière d'expérience à laquelle ils appartiennent. Vérifier, c'est expérimenter, dans le sens le plus large du mot, n'excluant aucune des méthodes d'observation.

2. Soutenir qu'il y a des hypothèses auxquelles ne correspond aucune expérience, aucun fait réel et concret, et qui, par conséquent, ne peuvent être vérifiées dans aucune science, équivaut à affirmer que notre esprit peut créer quelque chose de rien, peut tirer son contenu du néant. Mais la somme d'expérience qui correspond à certaines hypothèses peut, inconsciemment ou volontairement, être placée dans certaines conditions qu'il est d'autant plus important d'étudier et de préciser, que l'hypothèse demeure alors invérifiée, et devient la source des idées absolues. Ces conditions sont multiples et complexes ; on peut toutefois essayer de les ramener à trois catégories principales.

3. Premier cas. Il n'est pas profitable, utile, conforme au but qu'on poursuit, de faire des hypothèses. Tel est le cas de la philosophie. L'expérience n'est possible ici qu'à la condition expresse de transformer le problème philosophique en problème scientifique,

c'est-à-dire de sortir de la philosophie pour entrer dans la science spéciale. Il y a, par conséquent, un inconvénient très grand, un désavantage pratique considérable à instituer des expériences ou à créer des hypothèses en philosophie. Mais si la première partie de cette vérité a toujours été clairement aperçue, la seconde n'a jamais cessé d'être volontairement ou involontairement ignorée. Personne n'a songé à faire de la philosophie un champ d'expériences, mais tout le monde y voit encore la pépinière de toutes sortes d'hypothèses générales. C'est là une contradiction qui confine à l'absurde et qui a donné naissance, par ordre de succession, aux religions, aux métaphysiques, aux théories agnostiques modernes. La confusion de la philosophie avec la science a été une autre conséquence de la même erreur. Elle a longtemps empêché de comprendre que la position occupée par la philosophie, dans le système de nos connaissances, est presque l'antipode de celle qu'y occupe la science ; que la première n'a affaire qu'à des abstractions pures ; qu'elle est séparée de la réalité par le vaste domaine intermédiaire des explications et des conceptions spéciales, à travers lesquelles le penseur considère l'ensemble des choses. Un fait particulier et concret n'a pas de place en philosophie ; de quel droit alors y introduire une hypothèse, c'est-à-dire un ensemble soupçonné de faits qu'il faut finir par confronter avec des faits réels et certains ?

4. Deuxième cas. L'expérience peut être illégitime dans la science aussi bien que dans la philosophie. Ce cas se présente chaque fois qu'un groupe de faits est faussement classé dans la science particulière ;

par exemple, quand la vérification d'une hypothèse biologique est remise aux mains de la chimie inorganique ou de la mécanique céleste.

5. Troisième cas. Il se présente non plus comme la conséquence d'une fausse classification des faits, mais lorsque, même justement classés, ces faits, qu'on dit être inconnus, ne le sont pas en réalité. Tous les problèmes mal posés rentrent dans cette catégorie : la quadrature du cercle, le mouvement perpétuel, ainsi que les questions vides qui ont été si souvent agitées par les philosophes, comme celles-ci par exemple : pourquoi quelque chose existe-t-il, pourquoi ce qui existe est-il multiple et non un, etc.

6. L'erreur caractérisée par Comte comme étant le passage logiquement défectueux du concret à l'abstrait, se retrouve intégralement dans toute théorie de l'inconnaissable qui voudrait prêter à l'absolu cosmique une existence indépendante du relatif humain ou psychique. Quand on affirme qu'il est impossible de pénétrer la nature de la chaleur ou de la pesanteur, on énonce une vérité évidente par elle-même, tant qu'on a en vue toute nature ou toute réalité autre que leur nature ou leur réalité psychologique. Ces abstractions n'ont, en effet, pas d'autre nature ni d'autre réalité ; elles sont une superstructure qu'il ne faut pas confondre avec la base concrète sur laquelle elle repose, un second étage auquel il serait absurde de demander d'être en même temps le premier.

XII

On se plaît souvent à répéter que deux philosophies principales subsistent aujourd'hui, se parta-
geant la faveur des esprits littéraires et des esprits
scientifiques. Elles se différencieraient surtout par.
leur doctrine sur les causes générales, l'une relé-
guant ces causes hors des objets, insistant sur l'existence d'un monde invisible, intangible, incorporel,
comme source du monde étendu, palpable et visible;
l'autre plaçant ces causes hors de la science, les
considérant comme dépassant la portée de l'intelligence, en sorte qu'on ne peut rien affirmer ni nier
d'elles. Ainsi différenciées, ces deux philosophies
représenteraient les deux pôles opposés de la men-
talité moderne, le spiritualisme et le positivisme.

Après tout ce que nous avons dit jusqu'ici, il serait
inutile de chercher à faire voir combien cette différenciation est superficielle. Pas n'est besoin, en effet,
de beaucoup de réflexion pour comprendre que reléguer les causes hors des objets, c'est les placer hors
de la science qui a pour but d'étudier les objets, et
que situer certaines classés de faits hors de la portée
de l'intelligence, c'est postuler l'existence d'un monde
invisible, intangible et incorporel, par conséquent
encore, d'un monde dont on ne saurait rien nier ni
affirmer. La grammaire suffirait donc, à la rigueur,
pour montrer que les prétendus deux pôles de la
philosophie moderne sont placés d'un seul côté, ont

une même latitude et une même longitude mentale, au moins en ce qui concerne leur théorie de la connaissance. Mais nous avons vu, en outre, que l'histoire et la sociologie viennent corroborer en tout point cette conclusion; que l'analyse sociologique prouve avec la dernière évidence que tant qu'on ignore tous les faits particuliers, aucune philosophie, même la plus grossière, n'est possible; que lorsqu'on en connaît un certain nombre, la philosophie qui correspond à cet état du savoir est essentiellement hypothétique; qu'enfin, toute philosophie hypothétique aboutit nécessairement à la constatation de l'impuissance de l'esprit humain en ce qui touche les dernières généralisations des sciences, c'est-à-dire aboutit, en d'autres termes, à la constatation de la prématurité de toute philosophie. La théorie de l'inconnaissable est ce *peccavi*, ce *confiteor* de l'ancienne philosophie; en faire le *non possumus* de la nouvelle est une étrange aberration. — En somme, cette théorie indique sûrement qu'on n'est pas encore sorti de la principale ornière du passé, car on continue à croire à l'efficacité de l'hypothèse dans les recherches générales. Le positivisme et quelques autres systèmes modernes n'ont, à cet égard, qu'un seul avantage sur les anciennes conceptions : ils semblent formuler plus nettement, plus catégoriquement l'impuissance philosophique actuelle, ils sont plus conscients de ce vide de la pensée que les autres systèmes, le spiritualisme par exemple, représentent plus brillamment sans doute, mais d'une façon à peu près inconsciente.

Dans cet ordre d'idées, il n'y a, d'ailleurs, actuellement, qu'à réprouver la méthode ordinaire suivie

par les philosophes; qu'à étudier l'évolution de la
pensée philosophique dans la science spéciale, la sociologie; qu'à reléguer la théorie de la connaissance
dans la science spéciale, la psychologie concrète.
Pour le reste, il faut s'en remettre à l'action des
grandes lois dynamiques qui règlent l'ordre d'apparition des différents membres de la vaste série hyperorganique des idées générales. Il faut comprendre
que la nouvelle philosophie viendra à son heure,
après la nouvelle psychologie, et qu'elle se distin-
guera de l'ancienne autant que le savoir scientifique
et indirect se distingue du savoir vulgaire et direct.
On ne peut prétendre aujourd'hui qu'à indiquer d'une
façon sommaire l'un des caractères les plus saillants
de la nouvelle philosophie. En se refusant énergiquement à employer la méthode qui a fait la fortune
des sciences, la philosophie cessera d'en être la
doublure incohérente, et évitera du même coup
l'inconnaissable, cet écueil et cette illusion de son
premier âge.

La nouvelle philosophie ne sera ni de la science,
ni de l'art, ni de la métaphysique, ni de la religion.
Que sera-t-elle donc? Ce qu'elle a toujours cherché
à devenir, sauf les vices de fond et de forme déjà
signalés : une conception de l'univers, à laquelle on
arrivera par une analyse générale des lois et des
définitions de la science, suivie de leur synthèse
générale et purement déductive. C'est par cette seconde moitié de sa méthode que la nouvelle philosophie semble devoir surtout se distinguer de l'ancienne, qui avait créé pour son usage propre une
synthèse aussi curieusement hybride qu'improduc-
tive. En effet, elle commençait par être inductive,

puisqu'elle s'appuyait sur une supposition non vérifiée, et elle finissait par être apriorique, puisqu'elle
déduisait, d'une thèse restée arbitraire, tout ce qu'on
pouvait logiquement en déduire.

CHAPITRE III

LE CONCEPT DE L'INCONNAISSABLE
ET LA NOTION DE DIEU

I

Toute religion est nécessairement une adoration de l'inconnu, et toute théologie — une théorie de l'inconnaissable. Des sentiments divers se mêlent à ce culte et à cette théorie et les transforment sans cesse. C'est d'abord et surtout l'effroi, la crainte du vide, du vague, de l'obscur ; c'est ensuite la curiosité que l'inconnu éveille, la fascination qu'il exerce. Le savant partage, en somme, les émotions de l'homme ignorant ou religieux ; mais il s'efforce de les faire aboutir à autre chose qu'à des illogismes servant à déifier sa propre ignorance.

L'aspect émotif des religions a toujours présenté une grande importance ; on n'en est plus à le discuter. « Ce qui protégeait, dit Lange, les dogmes de la religion contre la dent de la critique, dans les temps où s'élevaient les cathédrales, où naissaient les puissantes mélodies du culte, ce n'étaient pas les répliques de prudents apologistes, mais le saint respect avec lequel l'âme admettait les mystères et la pieuse frayeur avec laquelle le croyant évitait, dans son for intérieur, de toucher à la limite où vérité et fiction se séparent. Cette pieuse frayeur n'est pas la conséquence des paralogismes qui font admettre le supra-sensible, elle en est plutôt la cause, et peut-être que ce rapport de cause à effet remonte jusqu'aux temps les plus anciens, où la culture et les religions n'étaient pas développées[1]. » Il serait plus juste de dire que l'inconnu, agissant à la fois sur l'intelligence et la sensibilité, déterminait simultanément des idées fausses et des sentiments qui, comme tels, sont toujours vrais. Les uns réagissaient ensuite sur les autres et devenaient, tour à tour, causes et effets.

Ici, c'est l'aspect intellectuel des religions qui va surtout nous occuper. Les conceptions théologiques étant la source directe de la métaphysique de l'inconnaissable, cette métaphysique doit être considérée comme une forme atténuée sous certains rapports, affinée et purifiée sous d'autres, de l'antique illogisme religieux, du vieux culte anthropomorphe rendu à un fait social très complexe et très important. Tantôt généralisé et réduit à n'être qu'un concept pur de l'esprit, tantôt envisagé comme un état d'obscurité et d'impuissance intellectuelles propre aux grandes masses sociales, ce fait est animé et humanisé de toutes les manières, par les religions

---

1 *Histoire du matérialisme*, trad. Pommerol, tome II, p. 589.

aussi bien que par les philosophies qui leur ont succédé. L'agnosticisme moderne est rattaché à l'agnosticisme théologique par une filiation évidente, et son concept fondamental n'est que la concentration et l'épuration logique du concept de Dieu. M. Spencer l'a parfaitement compris et l'a clairement exprimé. « L'analyse de toutes les hypothèses possibles sur l'absolu, sur Dieu, dit-il, démontre non seulement qu'il n'y a pas d'hypothèse suffisante, mais qu'on ne peut pas même en concevoir. Ainsi donc le mystère que toutes les religions reconnaissent, devient plus transcendant qu'aucune d'elles ne le soupçonne ; ce n'est pas un mystère relatif, mais un mystère absolu [1]. » C'est, en effet, toujours et partout la même ignorance, qui est vainement combattue par les uns à l'aide du miracle et de la révélation, par les autres à l'aide d'une sorte de miracle intérieur appelé foi ou croyance, et que les troisièmes admettent et adorent sans essayer de réagir contre elle. L'agnosticisme n'est qu'une survivance de l'époque théologique ; cette vérité découle naturellement de cette autre, plus générale et plus importante, que la métaphysique elle-même n'est qu'une survivance de la théologie, son prolongement évolutif, une création idéologique du même ordre.

S'il y a un point sur lequel théologiens et philosophes n'ont jamais cessé d'être d'accord, c'est bien la nature absolument mystérieuse du principe caché des choses. On pourrait aisément remplir un volume par des citations à l'appui, puisées dans les écrits des théologiens et des philosophes les plus

[1] *Premiers principes*, trad. Cazelles, p. 48.

célèbres. N'est-ce pas saint Augustin qui donne la formule commune des paralogismes religieux et des paralogismes philosophiques : *cognoscendo ignoratur et ignoratione cognoscitur ?* Cette formule n'est-elle pas l'écho de la doctrine alexandrine du « Dieu sans attributs », de la doctrine panthéiste du « Dieu indéterminé » ? Et saint Anselme, et Nicolas de Cues, et tant d'autres qui font de Dieu une antinomie de la raison, précédés en cela par la presque totalité des penseurs antiques, et suivis par la presque totalité des penseurs modernes, par Descartes, par Spinoza, par Leibnitz, par Kant ? Lorsque Hamilton vient nous dire qu' « un Dieu compris ne serait plus Dieu », que « penser que Dieu est comme nous le concevons, est un blasphème », que « la dernière et la plus haute consécration de toute vraie religion doit être un autel Ἀγνώστῳ Θεῷ — Au Dieu inconnu et inconnaissable », — il exprime l'opinion unanime des théologiens et des philosophes, et tombe dans une redite en nous proposant de ranger Dieu dans une classe à part de concepts, qui comprendrait encore le moi et le non-moi et s'appellerait le « Nihil cogitabile ». En revanche, il voit clairement ce que les théologiens, dominés par des considérations d'ordre pratique et aveuglés par leur haine, se refusaient à admettre : « que l'incroyance religieuse et le scepticisme philosophique, loin d'être la même chose, n'ont même pas de connexion naturelle ».

Il y a pourtant entre les théologiens et les philosophes, une différence qui tend à s'accentuer. Le culte que les premiers vouent à l'inconnu est actif, remuant, agressif, intolérant, comme l'ignorance des époques qui l'ont vu naître, tandis que l'hommage

que lui rendent les seconds est passif, résigné, pacifi-
que, comme la nescience des époques ultérieures.
L'ignorance théologique méprisait la science et la
traitait durement ; le culte philosophique de l'inconnu
pousse, au contraire, la mansuétude jusqu'à y voir
une alliée, tant il est convaincu de l'inefficacité finale
des efforts scientifiques.

Dans ces conditions, il est naturel que la philosophie se rapproche de la religion, se reconnaisse en
elle, veuille s'y confondre, et il est tout aussi légitime
que la religion repousse cette alliance, s'y oppose de
toutes ses forces, faisant durer le plus longtemps
possible le malentendu qui les divise et qui est
d'origine et de nature purement pratiques. Aussi
voit-on les débris de la grande armée théologique
s'épuiser en vaines tentatives pour élever une digue
contre la marée montante de l'agnosticisme moderne.
Rien de plus inhabile, du reste, que cette campagne
conduite par des chefs divisés de troupes en pleine
déroute. Les théologiens vont jusqu'à invoquer les
arguments des matérialistes et des athées, jusqu'à
nier l'inconnaissable, ce qui a aujourd'hui une tout
autre portée qu'aux époques de crédulité générale et
illimitée. Ils s'efforcent de prouver que l'absolu est
mal situé, comme ils disent, par ses théoriciens ; à
les entendre, c'est le prétendu relatif qui seul méri-
terait le nom d'inconnaissable.

Il y a, cependant, sous l'étrange prétention de
nous faire accepter « la connaissance de Dieu comme
plus parfaite et plus complète que toute autre connaissance [1] », un germe de vérité qui pourra se

---

[1] DEREPAS, p. 181. Descartes l'avait déjà dit : « L'idée de Dieu

développer et porter un jour des fruits. Notre ignorance générale des choses est composée d'autant d'ignorances spéciales, qu'il existe de groupes
d'objets sur lesquels nous manquons d'informations
exactes. Mais s'il y a une induction sociologique
bien établie, c'est celle qui consiste à affirmer que
notre expérience des choses particulières va sans
cesse s'élargissant ; de sorte que si l'on range sous
le symbole verbal de l'inconnaissable, de l'absolu,
de Dieu, toutes les difficultés d'explication et de
généralisation des faits particuliers, et dans un
autre groupe, sous le signe verbal du connaissable,
du relatif, toutes les facilités, on pourra dire que ce
second groupe empiète continuellement sur le premier, qu'il existe et se développe à ses dépens.
C'est l'aspect éclairé des choses projetant une ombre
d'autant plus grande qu'il occupe lui-même plus
d'espace, et l'histoire des progrès scientifiques nous
en offre de nombreux exemples. Rien ne s'oppose
donc, en principe, à ce que l'inconnaissable actuel
devienne le connaissable par excellence de nos suc-
cesseurs, et à ce que le problème psychologique de
la connaissance de Dieu soit entièrement résolu
avant tel ou tel problème général de la mécanique ou
de la chimie.

étant fort claire et fort distincte, et contenant en soi plus de réalité
objective qu'aucune autre, il n'y en a point qui de soi soit plus
vraie, ni qui puisse être moins soupçonnée d'erreur et de fausseté. »
3ᵉ Méditation. Ed. Cousin, I, p. 281.

II

Le problème de la connaissance de Dieu qui, à proprement parler, est celui de la connaissance de l'inconnaissable, a toujours beaucoup préoccupé les esprits. Mais on en avait fait, dès l'origine, un problème d'ontologie, on l'avait posé dans des termes qui en ont rendu la solution non pas seulement difficile, mais tout à fait impossible.

L'ontologie est très bien définie comme la science de l'être, de l'existence en général. Or, l'existence en général est précisément ce qui n'a aucune réalité au-delà de certaines limites fort étroites et qui ne dépassent jamais le volume d'un cerveau humain. L'existence en général est le concept le plus abstrait que nous puissions construire ; il a, comme tel, une foule de synonymes qui le nuancent et le remplacent souvent avantageusement : le monde, l'univers, la nature, l'ensemble des choses, etc. A toutes ces abstractions, ou plutôt à cette abstraction unique, exprimée par une multitude de termes d'égale valeur, correspondent des faits concrets, des choses tangibles, palpables, visibles. Que si l'on demande cependant quels sont ces faits et ces choses, il n'y a, en vérité, qu'une seule réponse de possible : à cette abstraction correspondent, *in concreto*, tous les faits sans la moindre exception, toutes nos sensations et tous les éléments de nos sensations jusqu'à la dernière vibration atomique, jusqu'au plus petit mouvement qui se produit soit à l'extérieur de notre corps,

soit dans notre corps lui-même. On aperçoit ainsi le
vrai caractère de l'ontologie. C'est la science de
l'être sans doute, mais c'est aussi l'indistinction, la
confusion, le chaos élevés au rang de science — tentative absurde qui ne pouvait aboutir et qui n'a
jamais abouti.

L'ontologie n'a pas résolu le problème de la connaissance de Dieu ou de la connaissance de l'inconnaissable. Cette science étrange est restée fidèle à sa
vraie nature, à la définition que nous venons d'en
donner ; elle a poussé l'amour du chaos jusqu'à ses
dernières limites, jusqu'à devenir elle-même une
confusion constante de l'ignorance générale, s'étendant à tous les domaines scientifiques, et de l'ignorance spéciale, embrassant les seuls faits psychologiques.

Il était réservé à notre époque de faire cesser au
moins cette dernière confusion, de délimiter au moins
ces deux espèces d'ignorances, en attribuant à chacune d'elles la part exacte de responsabilité qui lui
incombait dans l'insuccès éclatant des efforts ontologiques. Cette tâche ne fut ni très difficile, ni très
longue à accomplir, car on s'était avisé entre temps
d'une chose fort simple, de la disparition graduelle
de la première espèce d'ignorance, qui avait peu
à peu fait place à un ensemble fort imposant de
sciences constituées ou en voie de l'être. On n'avait
plus devant soi que des ignorances très particulières ;
telle était l'ignorance psychologique qui était la plus
apparente.

C'est ainsi que le problème ontologique devint
spontanément, par la force même des circonstances,
un problème purement et exclusivement psycholo-

gique. Du coup la connaissance de l'inconnaissable
cessa d'être une simple contradiction dans les termes,
et l'on eut l'espoir légitime d'arriver un jour à posséder ce savoir. L'absurdité gisait tout entière
dans la position du problème ; l'illogisme disparais-
sait de lui-même en psychologie, car on n'avait plus
affaire ici qu'à un pur concept, produit d'un· processus psychique déterminable et déterminé.

La question de la genèse de ce concept fut naturellement la première posée et débattue. Il serait
trop long de faire ici l'historique de ces débats qui,
malheureusement, ne furent guère satisfaisants, et
ne contribuèrent pour la plupart qu'à raviver le souvenir des anciennes discussions ontologiques. Mais il
y a eu des exceptions, et parmi les plus récentes, on
peut surtout citer la tentative de Stuart Mill. Voici
ce qu'il a dit de plus essentiel à ce sujet :

« C'est un fait admis que nous pouvons avoir toujours les conceptions qu'on peut former en générali-
sant les lois que nous révèle l'observation de nos
sensations. Quelque relation que nous découvrions
entre une de nos sensations et quelque chose qui
diffère d'*elle*, nous n'avons pas de difficulté à concevoir la même relation entre la somme de toutes nos
sensations et quelque chose qui diffère d'*elles*. Les
différences que notre conscience reconnaît entre une
sensation et une autre, nous donnent la notion générale de différence, et associent inséparablement à
chacune de nos sensations le sentiment qu'elle est
différente des autres choses ; et, une fois cette association formée, nous ne pouvons plus concevoir une
chose sans être capables, et même sans être forcés,
de concevoir aussi quelque chose qui en diffère.

Gráce à cette habitude de concevoir quelque chose qui diffère de *chacune* des choses que nous connaissons, nous arrivons naturellement et facilement à la notion de quelque chose qui diffère de *toutes* les choses que nous connaissons, collectivement aussi bien qu'individuellement. Il est vrai que nous ne pouvons pas concevoir ce que peut être cette chose ; la notion que nous en avons est purement négative ; mais l'idée de substance séparée des impressions qu'elle fait sur nos sens est une idée purement négative. Il n'y a donc pas d'obstacle psychologique qui nous empêche de former la notion de quelque chose qui ne soit ni une sensation ni une possibilité de sensation, lors même que notre conscience ne l'atteste pas ; et il est plus naturel que les Possibilités Permanentes de Sensation attestées par la conscience se confondent dans l'esprit avec cette conception imaginaire. L'expérience démontre la force du penchant qui nous fait prendre des abstractions mentales, et même des abstractions négatives, pour des réalités substantielles..... La causalité nous offre un exemple des plus remarquables de l'extension à la totalité de notre conscience d'une notion tirée de ses parties. C'est un exemple frappant de notre faculté de concevoir et de notre tendance à croire, qu'une relation qui subsiste entre deux points quelconques de notre expérience, . subsiste aussi entre notre expérience prise dans sa totalité, et quelque chose qui n'est pas compris dans la sphère de l'expérience. En étendant à la somme de toutes nos expériences, les relations certaines que présentent ses diverses parties, nous finissons par considérer la sensation même — l'agrégat total de nos sensations — comme devant

8

son origine à des existences antécédentes que la sensation n'atteint pas [1]. »

A cette explication, j'ajoute un court commentaire.
Ce qui diffère de toutes les choses que nous connais
sons et ce que, par suite, nous ne pouvons pas concevoir, ce dont nous avons une notion purement
négative, et ce que précisément *pour cela*, nous considérons comme une substance, un *substratum*, c'est,
pour l'homme inculte et l'enfant, Dieu, c'est-à-dire
le concept négatif et illusoire de l'inconcevable con-
fondu et associé avec des idées et des notions positives de différentes espèces. Pour le théologien
philosophe, c'est la même négation générale de plus
en plus purifiée et clarifiée ; pour le métaphysicien,
elle est accommodée aux besoins de sa conception
générale du monde et prend le nom de matière, d'esprit, de substance préférée, unique quelconque, posée
hypothétiquement au-dessus de toutes choses ou
dans ces choses, mais différant d'elles en ce que nous
ne la concevons pas. C'est l'existence nouménale,
l'inconnaissable.

III

Avant Mill, Kant s'était déjà attaqué au même
problème qu'il résout d'une manière très satisfaisante,
eu égard à l'époque où il écrivait. Il fait de Dieu
l'antinomie suprême de la raison. Comme plus tard
Spencer, il établit solidement que toute affirmation

[1] *Philosophie de Hamilton*, p. 222-4.

implique l'affirmation de Dieu, qu'il est impossible de penser l'absolu, Dieu, sans penser le relatif, l'univers. Selon lui, le principe de déterminabilité — c'est ainsi qu'il nomme le principe logique de contradiction — gouverne le monde intellectuel, mais nous ne pouvons connaître ou déterminer complètement une chose que si nous dérivons sa possibilité de la possibilité totale ou inconditionnelle. « Le principe de la détermination complète concerne le contenu et non pas seulement la forme logique... Personne ne peut concevoir une négation d'une manière déterminée sans prendre pour fondement l'affirmation opposée. » Toute négation transcendantale suppose donc l'affirmation transcendantale d'un « tout de la réalité (*omnitudo realitatis*) », d'un *substratum* « qui contienne en quelque sorte toute la provision de matière d'où peuvent être tirés tous les prédicats possibles des choses ». — « Toutes les choses diverses ne sont que des manières également diverses de limiter le concept de la suprême réalité..... C'est pourquoi leur objet idéal s'appelle aussi l'être originaire ; en tant qu'il n'y en a aucun au-dessus de lui, l'être suprême ; et, en tant que tout lui est subordonné comme conditionnel, l'être des êtres... Déterminé dans son absolue perfection par tous ses prédicats, le concept d'un tel être est celui de Dieu [1]. »

Mais ce concept si nécessaire à toute détermination n'est lui-même « qu'une pure fiction, par laquelle nous rassemblons et réalisons dans un idéal, comme dans un être particulier, la diversité de nos idées,

---

[1] *Critique de la raison pure*, édition Rosenkrantz, p. 447-456; trad. Barni, II, p. 168-175.

sans avoir le droit d'admettre la possibilité d'une pareille hypothèse ». Au fond, ce n'est qu'un symbole verbal, servant de lien à la variété infinie de nos représentations, un cadre radicalement vide, rempli par nous de déterminations empruntées au monde sensible. C'est en vertu d'une loi de notre organisation mentale que nous réduisons la multiplicité de nos connaissances à une unité de plus en plus générale et finalement à l'unité suprême que nous appelons Dieu. Cette unité « est d'abord réalisée, c'est-à-dire convertie en objet, ensuite hypostasiée, et enfin, par une marche naturelle de la raison vers l'achèvement de l'unité, personnifiée ». — « On a de tout temps parlé de l'être absolument nécessaire, et l'on ne s'est pas donné autant de peine pour comprendre si et comment on peut seulement concevoir une chose de ce genre que pour en démontrer l'existence... Rejeter au moyen du mot « inconditionné » toutes les conditions dont l'entendement a toujours besoin pour regarder quelque chose comme nécessaire, cela est loin de me faire comprendre si, par ce concept d'un être inconditionnellement nécessaire, je pense encore quelque chose, ou si par hasard je ne pense plus rien du tout... La nécessité absolue dont nous avons si indispensablement besoin, comme du dernier soutien de toutes choses, est le véritable abîme de la raison humaine. L'éternité même ne frappe pas à beaucoup près l'esprit de tant de vertige [1]. »

Kant touche ici de près à la vérité, mais il ne l'atteint pas, et cela par une raison bien simple. Cette vérité est d'ordre sociologique, et non philosophique

---

[1] *Critique de la raison pure*, p. 455-477; trad. Barni, II, p. 175, 185, 186, 202.

ou même purement psychologique, comme il semble l'avoir cru.

Il faut, en effet, distinguer deux parties dans la doctrine si nette et si franche du philosophe allemand. La première concerne la nécessité qu'il y a de penser Dieu comme le *ens realissimum*, l'unité suprême de toutes nos connaissances, la seconde se rapporte à l'évidence non moins grande qui nous force à conclure que Dieu n'est qu'un pur zéro. Voilà, sans nul doute, et tant qu'on se tient dans les limites de la psychologie élémentaire, abstraite, indépendante de la sociologie, c'est-à-dire dans les limites de ce qu'on appelle aujourd'hui la physiologie du cerveau, — la plus évidente contradiction qu'ait jamais imaginée l'esprit humain, l'antinomie la plus rebelle à tout essai de conciliation. Mais Kant pouvait-il aboutir à autre chose qu'à cette contradiction insoluble, lui qui ne pouvait pas soupçonner l'existence d'une psychologie concrète déduisant ses vérités de la considération des lois et des faits sociaux, autant que de l'étude des lois et des faits biologiques? La psychologie élémentaire, qui est la seule que Kant connaisse, ne contient pas l'explication de l'antinomie suprême qu'il avait si clairement aperçue, elle ne contient par conséquent pas l'explication de la véritable essence de toute religion. La théorie de la connaissance et la théorie de l'inconnaissable sont des théories qui, dans la plupart de leurs développements, dépassent les limites de la physiologie du cerveau.

Kant avait bien saisi le fait brut ; il le décrit admirablement ; il fait nettement ressortir l'incohérence mentale et le vertige qui s'emparent de l'esprit brusquement placé devant une conclusion de la raison qu'il sait être absurde et dont il est néanmoins totalement incapable de se défaire par une voie logique quelconque. Mais il a eu le tort, bien involontaire à son époque, d'aller chercher l'explication de son antinomie dans une branche scientifique qui ne pouvait la lui donner ; son erreur a été celle du savant qui, observant un phénomène biologique, tenterait de l'expliquer par les lois de l'astronomie, — un cas qui s'est maintes fois présenté, comme on sait, dans l'histoire des sciences.

Tout change d'aspect dès qu'on a recours aux lumières combinées de la sociologie et de la psychologie abstraite. On aperçoit clairement alors que l'antinomie qui a mis à une si rude épreuve la sagacité d'un grand penseur, est un phénomène mental qui appartient, par sa genèse aussi bien que par tous ses éléments, à une époque historique précise, connue dans ses traits essentiels, et caractérisée surtout par l'absence complète de sciences constituées. Mais s'il est vrai, comme le prétend Kant, — et l'histoire de nos idées semble lui donner complètement raison sur ce point — que la nature de notre esprit nous oblige toujours à ramener la multiplicité de nos conceptions quelconques à une unité de plus en plus générale, et finalement à l'unité suprême, il est non moins évident qu'à l'époque dont il s'agit, il ne pouvait être question, *sociologiquement* parlant, que d'une multiplicité de *non-connaissances* ou, si l'on veut, *d'erreurs*, tant spéciales que générales. C'est donc là la seule multiplicité que l'esprit humain pouvait ramener à l'unité suprême.

Une semblable unité ne pouvait être, en définitive,

que le concept de la non-connaissance en général.
Je n'ai pas besoin d'ajouter que le groupe d'émotions
particulières qui accompagnait les ignorances spéciales ainsi généralisées, et qui les faisait apparaître
comme quelque chose de fatal et d'insurmontable,
fut naturellement transporté au concept générali-
sateur. Ce groupe y joue encore aujourd'hui un rôle
absolument prépondérant.

Mais dans ce processus compliqué, dans cette lente
évolution mentale qui a toujours dépendu des conditions climatériques, économiques, historiques, au
moins autant que des conditions physiologiques et
purement cérébrales, il s'est produit en outre un
phénomène important. A un certain âge de l'humanité, toute comparaison entre deux degrés d'ignorance étant absolument impossible, l'ignorance elle-
même devait nécessairement passer pour du savoir;
tel fut l'âge qui précéda et prépara l'ironique protestation de Socrate : savoir qu'on ne sait rien. Il
y a donc eu une époque où la multiplicité de nos
mécomptes scientifiques nous apparaissait encore
comme une multiplicité de connaissances, et où leur
unité suprême, le concept qui, selon Kant, est l'idée
de Dieu même, était considéré comme le connaissable par excellence. C'est ainsi, soit dit en passant, que s'explique la religiosité spontanée de l'enfant, phénomène qui a toujours frappé les obser-
vateurs, et la religiosité naturelle du sauvage et de
l'homme inculte. C'est précisément à ce degré de
l'évolution qu'il faut chercher la genèse du concept
de Dieu, sous ses formes les plus grossières comme
sous ses formes les plus raffinées. Le fétichisme apparaît ici comme l'échelon le plus bas, qui précède

plutôt qu'il ne commence l'évolution, car il est encore presque incapable de généraliser et d'unifier la multiplicité des ignorances particulières dont il est composé en entier. Il est suivi du polythéisme qui les ordonne en séries, les enferme dans des cadres qui satisfont au moins les sentiments esthétiques, déjà fortement développés à cette époque. L'unification accomplit enfin ses progrès les plus sérieux dans les trois formes supérieures du monisme : le monothéisme personnel, le théisme de plus en plus impersonnel, et le panthéisme qui est le dernier terme de ce développement, celui qui dépouille le plus complètement l'antique anthropomorphisme et arrive presque à se confondre avec l'agnosticisme pur des philosophes.

Dans cette riche floraison du concept « central » qui a, si longtemps représenté nos impuissances scientifiques particulières, on n'aboutissait toujours, en définitive, qu'à l'unité de la réalité inconnue, qu'on personnifiait d'autant plus facilement qu'on se complaisait à voir dans la personne le type de l'unité, au lieu d'y reconnaître une multiplicité d'éléments dépassant de beaucoup la multiplicité inorganique. Le mot Dieu qui, étymologiquement, veut dire, dans presque toutes les langues, « contenant beaucoup ou tout » (par conséquent « riche »: ainsi le germain gott et gut, le saxon god et good, le latin dis, dito, diva, le slave bog et bogat, le sémitique alh et aélohim, etc.), était déjà alors, comme aujourd'hui, le signe verbal résumant de la façon la plus complète, toutes les fins de non-recevoir de la curiosité humaine.

A cette période, succède, dans le cours de l'évolu-

tion intellectuelle, un âge plus critique. On continue
encore, il est vrai, à penser l'inconnaissable comme
indissolublement associé à la somme totale de nos
sensations et de nos idées ; mais les changements
réels survenus dans l'état de nos connaissances ten-
dant de plus en plus à ébranler et à dissoudre les
anciennes associations mentales, un scepticisme général surgit, et avec lui les tiraillements douloureux
de la pensée, les antinomies qui fatiguent et épuisent
la raison. Cette période intermédiaire entre la domination sociale de l'ignorance et la domination du
savoir, est le véritable âge de l'inconnaissable, de
Dieu appelé enfin de son unique et vrai nom, ce qui
est un notable progrès moral. C'est, à beaucoup
d'égards, l'époque que nous traversons actuellement, et dont nous ne paraissons pas devoir sortir
de sitôt.

Un jour arrivera pourtant, où l'on verra clair
dans ce qu'on pourrait appeler, avec Schopenhauer,
une supercherie de la nature, non plus de la nature
purement physiologique de l'homme, mais de sa
nature intellectuelle, dirigée et dominée par les
forces et les influences qui se dégagent du grand fait
de l'association humaine. Au chaos et à la confusion
des deux premières phases, succédera alors une différenciation rationnelle du connu et de l'inconnu,
complétée par leur intégration qui sera le but suprême de la future théorie de la connaissance.

Nous ne faisons pas un cours d'histoire de la philosophie ; nous nous bornerons donc à rappeler qu'à
toutes les époques il y a eu des philosophes qui, pour
en avoir soulevé un coin, se doutèrent qu'il n'y avait
rien de bien mystérieux derrière le voile épais de la

déesse. Citons ici comme dernier exemple Spinoza,
dont l'esprit pénétrant démêla une partie de la vérité.
En effet, les concepts transcendantaux ne sont déjà
pour lui que les représentants de la confusion des
idées abstraites et des images concrètes. « Les termes
transcendantaux, dit-il, comme *être, chose, quelque
chose,* viennent de ce que le corps humain, à cause
de sa nature limitée, n'est capable de former à la fois,
d'une manière distincte, qu'un nombre déterminé
d'images. De telle façon que, si ce nombre est dépassé, les images commencent à se confondre; et,
s'il est dépassé plus encore, ces images se mêlent les
unes avec les autres dans une confusion universelle...
Ainsi, dès que les images sont livrées dans le corps
à une entière confusion, l'âme n'imagine plus les
corps que d'une manière confuse et sans aucune distinction, et les comprend toutes comme dans un seul
attribut, l'attribut être ou chose... [1] »

Quand on se trouve en présence des faits empiriques, sans connaître leurs lois, on ne peut évidemment pas relier entre eux ces faits au moyen de ce
qui est précisément ignoré. Reste à les relier au
moyen d'une abstraction absolument indéterminée,
au moyen d'une substance qui, par définition, n'est
rien en dehors de ces faits eux-mêmes. Cette abstraction est l'équivalent exact du savoir absent, du savoir
qui manque et auquel on aspire. Le phénoménisme
se ramène tout entier à cet aveu d'impuissance.

L'être, la chose en soi, le noumène, l'inconnaissable, Dieu, tous ces liens fictifs des phénomènes,
toutes ces synthèses d'ignorance occupant la place

---

[1] *Éthique,* II, prop. 40, scholie Ire.

et remplissant la fonction des synthèses scientifiques, des vrais caractères communs des choses, attestent donc plutôt l'insuffisance du savoir à certaines époques, que l'insuffisance organique et l'incapacité originelle de l'esprit. Du moins, il faut toujours se garder de confondre ces deux manquements, et ne pas raisonner comme l'ouvrier terrassier qui mettrait uniquement au compte de sa faiblesse musculaire le fait que dans un temps donné, il ne peut enlever qu'une quantité de terre très limitée, et surtout infiniment moins grande qu'il ne l'aurait désiré.

IV

La religion est un résultat de la culture humaine, l'expression d'une phase de civilisation, une des plus anciennes manifestations du développement social, la première philosophie de l'humanité. Les croyances religieuses ont d'ailleurs évolué et varié avec les sociétés qui les ont vues naître. L'ethnographie, la psychologie des peuples, l'histoire des premiers âges fournissent mille preuves de cette vérité. La longue durée des religions est également due à des causes sociales. L'évolution religieuse enfin, comme l'évolution métaphysique, est régie par la loi générale de corrélation entre la science et la philosophie qui embrasse, comme un cas particulier, les rapports entre les croyances religieuses et les connaissances positives à chaque époque; cette loi montre, en outre, que les premières ne conservent leur action sociale que dans les groupes humains dans lesquels, par

suite de causes d'un caractère également sociologique, la formation des idées scientifiques a été
arrêtée dans son développement naturel. La religion
présente, en ce sens, un double aspect : psychologi-
quement, c'est la projection, dans notre intelligence,
des plus misérables conditions sociales qui aient
jamais existé ; et sociologiquement, c'est la survivance de ces conditions. Quant aux besoins moraux
et aux fins idéales de la vie pratique qu'on invoque
pour défendre ou combattre la religion, et qui sont
tellement complexes que les seuls phénomènes physiologiques ne peuvent les expliquer, il n'est pas
douteux qu'ils ne soient eux-mêmes que le résultat
de l'influence exercée pendant des siècles sur l'intelligence humaine, par une infinité de causes sociales ;
si donc les idées morales semblent encore aujourd'hui
se confondre avec les croyances religieuses, ce n'est
là qu'une conséquence naturelle d'une longue association mentale entre les conceptions théologiques et
les idées éthiques, ainsi que de l'action puissante de
l'hérédité et de la sélection [1].

D'autre part cependant, il est clair que c'est justement en raison de son appartenance évidente à la
sociologie que le phénomène complexe des religions
a des racines profondes dans le domaine psychophy-
siologique. Il nous sera donc permis de tourner
un instant nos regards de ce côté, et d'examiner
brièvement ce nouvel aspect du problème.

Dans cet ordre d'idées, il s'agirait surtout de reconnaître, dans le mécanisme mental tel qu'il nous
apparaît aujourd'hui, les conditions qui favorisent ou

___

[1] *Ancienne et nouvelle philosophie*, 3ᵉ partie, chap. i et ii.

même rendent seules possible l'éclosion des premiers germes de l'antinomie religieuse.

Comment les hommes ont-ils pu se former une idée quelconque du surnaturel, de Dieu, de l'inconnaissable, s'il n'y a point de surnaturel accessible, de Dieu compréhensible, d'inconnaissable qui puisse être connu? Certes, nombreuses et infiniment variées sont les causes qui déterminent un mauvais fonctionnement du mécanisme si délicat de notre esprit, qui engendrent et perpétuent les observations mal faites, les raisonnements défectueux, les habitudes mentales vicieuses, l'activité déréglée de l'imagination, la tendance à s'illusionner, à croire à la tradition. Non moins nombreuses et fatales sont les causes qui produisent les dérangements cérébraux, les difformités mentales, les hallucinations, les névroses qui ont toujours passé pour le meilleur moyen de communiquer avec les êtres surnaturels, et enfin cette sorte de psycholepsie, comme l'appelle M. Maudsley, qui attaque les théologiens et les philosophes autant que les extatiques et les illuminés, les plonge dans la contemplation de leur propre « moi », leur fait dédaigner les procédés sûrs de la science, et les pousse à se procurer des connaissances « supérieures » par une méthode « supérieure ». Mais, quelle que soit la cause du fonctionnement cérébral simplement irrégulier ou pathologique qu'on veuille étudier, en l'isolant de toutes les autres causes « interférentes », il ne faut jamais oublier qu'à côté de la fonction dérangée passagèrement ou d'une façon durable, il y a la fonction saine et normale, et qu'on ne peut caractériser la première qu'avec des éléments ou des notions empruntés à la seconde.

Celle-là n'est qu'une transformation de celle-ci ; par
conséquent, tout ce qu'on pourrait en dire en dehors
de l'étude de son origine, resterait nécessairement
à l'état de supposition plus ou moins plausible, et
n'entraînerait jamais une conviction absolue.

Après avoir posé ce principe, je vais essayer d'indiquer une des sources — à mon sens de beaucoup
la plus importante — qui déterminent l'apparition
dans le cerveau des premiers germes de l'illusion
religieuse.

V

Dès les temps les plus reculés, on voit une conception étrange apparaître dans les meilleurs esprits
et s'emparer peu à peu des cerveaux les plus philosophiques, les plus disposés à faire la synthèse de
nos connaissances. La conception de l'*identité des
contraires* a toujours, en effet, semblé absurde aux
esprits positifs de toutes les époques ; ce fut là cependant le véritable grand œuvre poursuivi avec achar-
nement par des générations entières de philosophes.
Tirer la multiplicité des phénomènes de leur unité,
résoudre le problème du Tout-Un, qui est le problème de Dieu même, ce fut la chimère qu'Hegel
croyait avoir définitivement domptée, et qui, de nos
jours, l'a couvert de tant de ridicule après l'avoir
couvert de tant de gloire ; ce fut l'obsession conti-
nuelle des penseurs, l'idée fixe qui ne leur laissait ni
trêve ni repos. La pensée religieuse et la pensée philosophique n'ont jamais mieux manifesté leur identité fondamentale.

Ce serait refaire l'histoire de la philosophie tout entière, que raconter, même en traits rapides, cette longue hantise de la pensée; il suffira de citer ici, pour rappeler les souvenirs, deux ou trois noms de l'antiquité, et autant du moyen âge; quant aux adeptes modernes de la doctrine de l'union des contraires, les échos de leurs interminables débats résonnent encore à toutes les oreilles. Dans l'antiquité grecque, Héraclite proclamait déjà que « rien n'est, tout devient », et soumettait le changement perpétuel à une loi stable, — l'union des contraires, l'affirmation que chaque chose est et n'est pas; c'est à cette loi seule qu'il consentait à donner le nom de Dieu. Et Zénon d'Elée qui le réfute, pour qui « rien ne devient, mais tout est », aboutit pourtant à la même conclusion : l'unité absolue des choses en dehors de laquelle rien n'existe. Pour Xénophane, Dieu est l'unité au sein de laquelle se confondent toutes les existences; pour Parménide, c'est l'identité de l'existence et de la pensée; pour les pythagoriciens, l'unité infinie qui contient tous les nombres, par conséquent, toutes les choses; pour Aristote, la suprême unité de l'être pensant et de l'existence pensée, du sujet et de l'objet; pour le néoplatonicien Plotin, c'est l'Un qui est simultanément toutes choses et aucune de ces choses. Platon montre également que l'être et le non-être, l'affirmation et la négation sont inséparables, que l'être n'est que relativement incompatible avec le non-être. C'est ce qu'Aristote résuma dans sa célèbre formule du principe de contradiction : « Il est impossible que le même convienne à la fois et ne convienne pas au même en même temps et sous le même point de vue. »

Les cerveaux du moyen âge étaient travaillés par
une illusion semblable. Rien n'égalait à leurs yeux
l'importance du problème de l'unité de la pensée et
de l'être, c'est-à-dire de ce qui, pour la plupart d'entre eux, était la définition même de Dieu. Scot Eri-
gène, saint Anselme et Nicolas de Cues déjà cités,
nombre d'autres docteurs et de théologiens fameux
défendent cette thèse avec ardeur. Comme leurs suc-
cesseurs modernes, ils font de l'absolu le principe
commun de l'être et du néant, la substance d'où
sort et où se perd toute contradiction. Mais Nicolas
de Cues mérite une mention particulière. Dans son
traité « *De docta ignorantia* », ce cardinal du XVe
siècle produit déjà l'effet d'un Hegel et d'un Spencer intimement fusionnés ; à le voir proclamer que
Dieu est l'Inconnaissable par excellence, se révélant
à nous par des symboles mathématiques, tout en
demeurant inaccessible en lui-même, on croirait
vraiment entendre M. Spencer nous parler de l'éternel Mystère se dévoilant à nous par ses côtés super-
ficiels, au moyen des lois mécaniques de l'univers ;
et d'autre part, c'est bien la thèse hégélienne que l'explication de l'inexplicable par la loi des contraires :
Dieu est le maximum et le minimum des choses, ce
qui est en tout et a tout en lui, bien plus, l'être et le
non-être à la fois ; l'absolu est le véritable « *princi-
pium coincidentiæ oppositorum* ».

Mais à quoi bon multiplier les exemples ? Comme
nous le verrons tout à l'heure, les théologiens et
les philosophes ont tous dû nécessairement subir la
même obsession — elle est la conséquence naturelle
d'une loi de notre organisation mentale. A la sollici-
tation de cette cause psychologique, sinon purement

psychophysique, les penseurs ont répondu de différentes façons, chacun suivant son tempérament individuel. Ces diversités, et avec elles toutes les ontologies théologiques et métaphysiques, peuvent cependant être réduites à deux grandes classes. La première comprend les tentatives qui se posaient franchement pour but l'identification des contraires, la seconde les essais moins audacieux qui se contentaient de les concilier.

Selon nous, l'identité des contraires a été un but chimérique, simplement parce qu'on l'a toujours poursuivi en dehors des limites exactes qui le contiennent et dans lesquelles la prétention à l'atteindre n'a rien d'absurde. Mais cette prétention est devenue la source d'innombrables erreurs, dès que les philosophes, méconnaissant le caractère très particulier de la relation qu'ils avaient pressentie et entrevue, ont voulu l'étendre à un domaine où elle ne peut avoir aucune application. En un mot, l'identité des contraires a été une vérité *mal située* par la philosophie. C'est une équation d'ordre psychologique, dont on n'a pas vu la portée spéciale et restreinte ; on a cherché à en faire une équation universelle, la loi suprême, la formule unique des choses. On l'a ainsi rendue stérile pendant des siècles.

Le grain de vérité à côté duquel les philosophes ont passé et qu'ils n'ont fait que recouvrir de nouvelles couches d'erreurs, se réduit à un fait mental des plus simples et des mieux connus. Toute abstraction négative se résout en images qui sont les *mêmes*, comme *genre*, mais qui sont *autres*, comme *espèce*, que les images auxquelles se ramène l'affirmation contraire, l'abstraction positive. C'est

ainsi, par exemple, que l'abstrait négatif non-blanc
se ramène nécessairement à l'image d'un corps
rouge, ou bleu, ou noir, selon le cas individuel.
Nous avons devant nous deux *espèces* différentes
d'images, dont l'une est inséparable de l'affirmation et constitue toute la réalité qu'elle possède,
et l'autre est inséparable de la négation et constitue également toute sa réalité. Mais ces deux
espèces ne forment évidemment qu'un même genre,
celui de « corps coloré ». On peut appeler ce *genre*
unique une idée, puisqu'il réunit et généralise deux
espèces d'images ; on est en droit de le faire, chaque
fois que le genre a été formé par les procédés ordinaires de l'abstraction, et c'est là le cas le plus fréquent. Mais on peut également considérer ce genre
unique comme une image plus confuse que les images
qui correspondent aux deux abstractions opposées ;
il les réunit alors directement en tant qu'images.
C'est un cas qui se réalise moins souvent que le
premier, mais qui peut presque toujours être obtenu
par un acte de la volonté, un effort de l'attention.

En définitive, l'esprit perçoit ou peut percevoir, il
forme ou peut former trois images : ce corps blanc,
dont il tire l'abstraction positive — blanc ; ce corps
rouge ou bleu, ou noir, dont il tire l'abstraction contraire : non-blanc ; enfin ce corps coloré, image
confuse dont on peut extraire l'idée de coloration,
mais qu'on peut aussi laisser à l'état d'image confuse
de genre. D'ailleurs, qu'on admette l'image de genre,
ou qu'on s'en tienne à la théorie de l'idée générique,
il paraît incontestable qu'il y a, dans le jeu obscur
du mécanisme mental, des conditions qui rendent
toujours possible l'identification des abstractions

contraires et qui souvent même l'imposent à l'esprit.

L'identité des contraires se ramène donc à cette vérité primordiale de toute psychologie concrète et de toute théorie de la connaissance — *l'identité de genre des contraires*. C'est là une vérité en dehors de laquelle on ne s'explique plus guère la formation des concepts négatifs, et l'on risque de se perdre au milieu des contradictions que ces concepts font naître à chaque pas. Tout bien considéré, la loi de l'identité des contraires semble même n'être qu'un cas de la loi générale qui régit toutes les opérations de l'esprit, une application du principe d'identité. Il n'y a de vraiment paradoxal dans cette loi que son nom, et on pourrait tout aussi bien l'appeler la loi de *l'identité des semblables généralisés*. Tout contraire n'est, en effet, qu'un semblable plus général ; c'est l'unité supérieure qui réunit et fusionne les oppositions, qui détruit les contrastes, qui ne laisse subsister que les similitudes. Mais la loi a une extension plus grande. Elle embrasse également les cas où l'échelle des généralités se trouve épuisée. Les contraires s'identifient alors sans l'aide de cet « intermédiaire explicatif », et en dehors de ce classement, devenu impossible. Il y a donc, à proprement parler, deux cas dans la loi. Dans le premier, l'identité des contraires est *indirecte,* les deux oppositions appartenant à un genre plus élevé ; c'est le cas ordinaire de la distinction logique du particulier et du général, du concret et de l'abstrait. Dans le second, l'identité des contraires est *directe;* c'est le cas de l'identité de deux concrets et surtout de deux abstraits du *même* genre. Nous avons là une application du principe d'identité qui ne soulève aucune difficulté tant que l'échelle abstractive n'est pas épuisée, mais qui devient une source d'illusions nombreuses et variées, chaque fois que cette échelle ne peut plus nous servir, soit comme intermédiaire explicatif, soit comme simple terme de comparaison.

Ce que nous avons dit de la négation de la couleur blanche, peut se dire de toute négation abstraite, de l'inconnaissable, de Dieu. Cette dernière application a une grande importance pratique ; car il est évident que tant qu'on n'aura pas démontré clairement tout le contenu de l'idée de Dieu, on sera obligé d'accorder qu'il est encore possible de croire à un Dieu, même personnel, sans être manifestement convaincu d'illogisme.

Dieu est une négation. Ce concept rentre dans la vaste catégorie des négations masquées qui empruntent leurs formes grammaticales aux concepts positifs, et que pour cette raison et pour une foule d'autres qu'il serait trop long d'énumérer, on s'habitue peu à peu à considérer comme des idées positives. De tels termes sont nombreux dans toutes les langues, mais leur caractère négatif est souvent difficile à découvrir ; c'est ainsi que l'idée de repos, par exemple, est la négation de l'idée de mouvement. De même, Dieu est la négation cachée du concept positif de l'univers, qui comprend ces deux autres concepts, le monde et l'homme. Mais en vertu de la loi de l'identité des contraires, cette négation appartient fatalement au même genre que les concepts qu'elle nie. Nous ne pouvons, comme chacun sait, nous imaginer Dieu que sous les attributs du monde et de l'homme, — il y a une identité de genre parfaite entre les propriétés divines et les propriétés des choses et des êtres réels, les premières n'étant distinguées des secondes que comme *espèce*.

Il est toutefois curieux de noter le procédé si simple par lequel l'esprit, obéissant aux exigences de la loi qui régit l'évolution des idées négatives, supplée à l'absence d'espèces naturelles en créant des espèces artificielles et de pure convention. Il lui en faut deux, au moins, pour que la négation « Dieu », tout en conservant les liens généraux qui l'unissent à son contraire, « l'univers », puisse revêtir un aspect positif, et déterminer ainsi l'illusion d'un concept de même nature que les concepts de monde et d'humanité, mais exprimant une autre réalité concrète. Pour produire ce dédoublement, l'esprit place d'un côté ce qu'il considère comme les bonnes qualités des choses et des êtres qui l'environnent, et personnifie ces perfections abstraites telles qu'elles sont conçues aux différentes époques ; il relègue simultanément, dans l'espèce opposée, soit le monde et l'homme tels quels, avec leurs bons et leurs mauvais côtés, d'où les religions plus ou moins optimistes, soit les mauvais côtés seuls des choses et des êtres, d'où les religions pessimistes, les croyances assombries, les sectes désespérées.

Tout cela a été solidement établi, tout cela est universellement reconnu depuis longtemps. « Les chevaux se serviraient des chevaux, et les bœufs des bœufs pour représenter leurs idées des Dieux », disait déjà Xénophane. Et si, dans la théodicée vulgaire, c'est encore Dieu qui crée l'homme, dans toute théodicée un peu raffinée, c'est déjà l'homme qui crée Dieu [1]. A ce point de vue, les dieux primitifs de l'hu-

[1] E. Vacherot.

manité sont naturellement ceux dont l'étude présente
le plus d'intérêt. Mais cette étude, je le répète, a été
faite si complètement, et ses résultats ont été si
largement répandus dans le public, que je puis
m'épargner ici les éternelles redites sur les Védas
qui s'adressent aux puissances de la nature, les
Zend-Avestas qui font combattre le bien et le mal,
la pensée et la matière, sur les conceptions arya-
ques, sémitiques, égyptiennes ou chinoises qui, variant à l'infini dans les détails, s'accordent toutes
dans leurs grandes lignes, et font toujours de Dieu
la substance du monde, et du monde l'ensemble des
modes de Dieu. Je ferai pourtant observer combien
il est facile de saisir, dans les faits de l'évolution
religieuse, les méthodes de généralisation et d'abstraction qui, appliquées aux concepts négatifs, au
lieu de l'être aux concepts positifs, constituent la
seule différence qui existe entre la pensée théologique et la pensée scientifique; j'ajouterai que l'étude
de ces procédés suffit amplement pour combler
l'abîme vertigineux qui faisait tant souffrir Pascal
et déroutait l'impassible Kant.

Ainsi, pour ne citer qu'un exemple, dans l'évolution
qui conduisit le polythéisme védique au panthéisme
brahmanique, on voit les dieux nombreux et flottants
se rassembler, comme autant d'images vagues autour
des idées abstraites qui les résument, autour de trois
dieux souverains, puis disparaître dans la grande
âme (atma), qui opère par eux et anime toute chose.
L'évolution finit par cette déclaration, strictement
exacte dans ses limites psychologiques, que le monde
et Brahma ne font qu'un. Tout mythe religieux, on
l'a dit souvent, est une interprétation aussi gros-

sière que fausse des faits observés ; mais on n'a pas assez montré que cette interprétation est due en grande partie à une confusion mentale, à une inversion de la marche naturelle de la pensée, à une subordination restée longtemps inaperçue, des concepts positifs aux concepts négatifs. Cette hiérarchie, qui peut nous paraître fort singulière aujourd'hui, cadrait d'autant mieux avec l'état intellectuel des époques religieuses, qu'elle n'était, au fond, que le reflet logique de la subordination du connu à l'inconnu, du savoir à l'ignorance. La perte de pareilles illusions est toujours un gain clair et net, même pour l'imagination et le cœur, car, comme le dit très bien M. Leslie Stephen [1], les émotions suscitées en nous par les faits naturels, peuvent être exprimées avec la même force, sans l'intervention d'hypothèses qui offensent la raison et la science exacte.

Le monde et l'homme forment ensemble le concept général du *connaissable*. Il s'ensuit que Dieu, qui est la contradiction formelle, la négation directe de l'homme et du monde, ne peut être autre chose que *l'inconnaissable*, conclusion depuis longtemps pressentie, sinon explicitement affirmée, par une longue série de penseurs de tous les temps et de toutes les écoles. Il s'ensuit encore, et ceci est autrement important, que Dieu et l'inconnaissable sont réductibles à leur opposé positif, au connaissable. La loi de l'identité des contraires s'applique ici directement. L'échelle abstractive n'a plus de degrés supérieurs ; l'inconnaissable et le connaissable constituent la même abstraction. Mais au-dessous du genre « con-

---

[1] *History of english thought in the 18th century*, p. 14-15.

naissable », qui comprend et contient sa négation, « l'inconnaissable », il existe des espèces, des variétés. Deux d'entre elles présentent un intérêt particulier dans l'ordre d'idées que nous étudions ; c'est l' « inconnu » et le « moins connu », par comparaison avec le « mieux connu ». On peut donc, si l'on veut, en descendant l'échelle abstractive, ramener l'inconnaissable à l'une de ces deux variétés du connaissable.

La même vérité est cachée au fond de l'apophtegme favori de Spinoza : *Omnis determinatio negatio est*. L'indéterminable et l'inconnaissable ne peuvent être pensés que si l'esprit pense en même temps le déterminable et le connaissable, les deux premiers concepts n'étant que la négation incluse dans toute détermination. Le monde et l'homme, l'objet et le sujet, contiennent en eux, en vertu d'une loi fondamentale du mécanisme psychique, leur négation, leur contradiction, qu'on appelle Dieu. Il faut pouvoir la dégager de l'affirmation contraire, pour comprendre l'essence de toute religion, et mettre fin à l'illusion mentale correspondante.

A ce propos, on voudra bien nous permettre de nous appuyer ici sur l'opinion d'un défenseur sincère de l'illusion religieuse. « Le spectacle de la nature, écrit M. Janet, nous offre trois classes d'êtres, ou, si l'on veut, trois degrés d'êtres profondément différents : au premier degré, la matière brute, obéissant à des lois mécaniques, à des combinaisons fatales et mathématiques...; au second degré, la vie, dont le caractère le plus saisissant est une combinaison de moyens appropriés à une fin... Au troisième degré sont les êtres intelligents qui poursuivent le but avec réflexion et volonté. A ces trois classes d'êtres correspondent trois théologies distinctes, et le principe des choses a été conçu par analogie avec les trois ordres de causes que nous connaissons : la nécessité aveugle, l'instinct, la volonté intelligente et libre. Les athées conçoivent la cause suprême comme une force aveugle, les panthéistes comme une vie instinctive et inconsciente, les théistes comme une pensée et une volonté. Ceux-ci font Dieu à l'image de l'homme, les panthéistes à l'image de la plante, les athées à l'image de la pierre. Qui a raison de ces trois théologies ? — Disons toute la vérité : Dieu n'est ni un homme, ni une plante, ni une pierre. Il est l'infini et le parfait indivisiblement unis [1]. »

Nous voulons dire toute la vérité, nous aussi : Dieu est *négativement* l'homme, la plante, la pierre, il est, négativement encore, le fini, le concret, le relatif. Et c'est précisément pour cela qu'on peut le définir, si l'on veut, par ces deux négations, dont la seconde affecte la forme positive : l'infini et le parfait indivisiblement unis. Nous voilà verbalement d'accord avec M. Janet, comme nous l'étions, du reste, déjà avec le thaumaturge Plotin, avec le cardinal Nicolas de Cues, avec le très suspect Spinoza, avec Hegel. Nous n'en différons, tout au plus, que sur un point de pure psychologie : nous comprenons quelque peu autrement la valeur et le rôle logiques des concepts négatifs.

[1] *La crise philosophique,* p. 172.

VI

Les causes multiples qui ont empêché jusqu'ici
la constitution des sciences sociales et psychologiques, ont été également la source de l'application
erronée, par les théologiens et les philosophes, de
la grande loi de l'identité des contraires, l'origine de
ce fait si instructif, que les penseurs du passé n'ont
jamais pu tirer le moindre profit de la vérité psychologique qu'ils avaient pourtant entrevue dans ses
lignes principales.

On a voulu tirer de l'inconnaissable, de Dieu, le
connaissable, l'univers ; on ne se doutait pas qu'on
procédait à rebours, qu'on allait du négatif au positif. On ne s'en aperçut que lorsque, d'abstraction
invertie en abstraction invertie, on arriva au nihilisme le plus absolu. Toute l'histoire de la métaphysique tient dans ces deux phrases. L'évolution mentale débute par l'enfant et le sauvage qui, en vrais
philosophes de l'avenir, posent l'inconnaissable ; mais
par une contradiction qui a sa source dans un instinct juste, tous deux croient en même temps avoir
résolu l'insoluble problème. Les théologiens et les
philosophes n'ont jamais fait autre chose, eux aussi.
Seulement, tandis que l'erreur de l'enfant et de l'esprit inculte s'explique par la tendance qui les pousse
à exagérer le concret jusqu'à l'identifier avec leur
propre « moi », c'est-à-dire avec ce qu'il y a, en effet,
de plus concret au monde (animisme primitif), l'erreur des métaphysiciens s'explique par la tendance

qui les pousse à exagérer l'abstrait jusqu'à l'identifier avec le néant, le rien, le zéro — c'est-à-dire avec ce qu'il y a, en effet, de plus abstrait (nihilisme con- clusif).

Les empiristes et les criticistes furent naturelle- ment les premiers à découvrir qu'on avait fait fausse route. Aussi proposèrent-ils hardiment de revenir en arrière, de retourner à la première phase men- tale, où l'on n'avait recours à l'abstraction que dans une faible mesure, et où le cerveau était encore rempli par les impressions originelles des choses, les obser- vations et les faits particuliers. C'est dans ce positif- là que s'ancrèrent les nouvelles écoles, et c'est lui qu'elles désignèrent du nom de relatif, de contingent, d'expérimental, par opposition au négatif appelé l'absolu, le nécessaire, le transcendant. L'opposition factice et conventionnelle entre le relatif et l'absolu fut ainsi considérée par ces écoles comme un con- traste vrai et inéluctable. Cela a suffi pour les faire retomber dans la série d'erreurs auxquelles elles croyaient sincèrement avoir porté un coup mortel. Elles nièrent la vérité pressentie, elles laissèrent l'in- connaissable debout, elles lui rendirent l'antique hommage, elles y virent, à leur tour, l'origine ca- chée et la source à jamais inconnue du monde des phénomènes. Avec Hume, avec Kant, avec le sen- sualisme et le criticisme, avec Hamilton, avec Mill, avec Spencer rien ne fut changé, sinon quelques termes philosophiques.

L'application de la loi de l'identité des contraires est très étendue. La religion tombe la première sous son action, car cette loi permet de percer à jour le grand sophisme théologique consistant à faire de Dieu l'Être suprême, l'être par excellence. On ne saurait trop insister sur cette vérité que Dieu est la notion qui rassemble en une classe universelle toutes les négations partielles, déjà préalablement réduites à deux grands genres : la négation du monde et la négation de l'homme. C'est la négation suprême, le zéro le plus zéro, si l'on peut s'exprimer ainsi, car il contient et embrasse tous les autres zéros. Mais en vertu de la même loi, et quand on analyse les éléments isolés qui composent ce concept (ce que l'humanité a toujours fait inconsciemment), c'est aussi l'être par excellence, car c'est le monde et l'homme.

On pourra nous accuser de panthéisme, et il est même à peu près certain, étant donnée la structure éminemment religieuse de tant d'esprits à notre époque, qu'un semblable reproche nous sera adressé avec la plus entière bonne foi. Autant vaudrait cependant nous soupçonner de vouloir faire revivre les dieux de l'Olympe ou l'antique fétichisme ; car si nous accordons que Dieu est souvent toute la nature, nous accordons aussi qu'il n'est souvent que la nature extérieure ; nous admettons qu'il n'est quelquefois que l'homme, et quelquefois qu'un amalgame d'attributs humains et de certaines propriétés naturelles personnifiées. Nous disons encore que c'est une formule éclectique dans laquelle prédominent, à côté de conceptions dérivées des forces de la nature, les idées morales dans ce qu'elles ont produit de plus élevé ; nous prétendons enfin que c'est tantôt la matière, tantôt le moi, la sensation, l'idée pure, tous les irréductibles et tous les inconnaissables.

La différence entre nous et le panthéisme — et elle est la même que celle qui nous sépare du matérialisme, du sensualisme, de l'idéalisme, du polythéisme, du fétichisme, de toutes les théologies et de toutes les métaphysiques — est très simple et très claire. Dans l'identité de Dieu et de la nature, nous voyons une identité de contraires, une équivalence parfaite entre la négation et l'affirmation corrélatives ; nous distinguons les deux termes du rapport d'identité que la religion et la métaphysique confondent, car elles y voient une identité de deux choses positives, de deux affirmations. L'erreur est importante, la confusion aussi grande que possible. Si le panthéiste se bornait à prétendre que Dieu et l'univers sont des synonymes, nous lui accorderions immédiatement cette vérité si évidente ; mais il nous dit que Dieu est le principe des choses se manifestant dans le phénoménal et le connaissable, ce qui signifie que zéro se manifeste dans l'être ou l'existence, et ce qui constitue une grosse absurdité, due évidemment à l'ignorance où nous sommes de certaines conditions de la pensée et des vraies limites de l'application de la loi d'identité. Confondre est si peu identifier qu'on peut dire qu'une identification est toujours une distinction, une connaissance, tandis qu'une confusion est une indistinction, une indétermination, une ignorance.

L'erreur du panthéisme se répète, terme pour terme, dans toutes les métaphysiques et dans toutes les théologies. Tous les penseurs comprennent Dieu comme ne faisant qu'un avec le monde dont il est la cause ou l'essence. D'après Fichte, c'est le vrai moi de chaque homme, de l'humanité, du monde entier ; d'après Strauss, c'est l'éternel mouvement de l'uni-

versel se faisant sujet lui-même, et ainsi de suite.
Mais aucun d'eux ne veut admettre que Dieu rentre
dans la grande catégorie des phénomènes idéologiques qui accompagnent la production de toute abstraction ; que c'est seulement en ce sens que la notion
de Dieu est une nécessité de la pensée, quelque chose
qui aide à la transformation de la sensation et de
l'image en idée, un échafaudage, un artifice sans
lequel cette transformation n'aurait jamais pu avoir
lieu, une condition qui assure le jeu régulier du mécanisme de l'abstraction. Personne, en un mot, ne
veut voir que Dieu est la négation du monde, négation sans laquelle, en vertu de la loi d'identité des
contraires, il est impossible de penser le monde,
mais qu'il est inutile et nuisible de déguiser plus
longtemps sous un terme positif. Cette négation peut
et doit être regardée en face, peut et doit être appelée de son vrai nom ; le panthéisme sera alors
justifié dans son sens logique et psychologique, et
irrémédiablement condamné dans son sens ontologique et philosophique. Descartes nous disant :
« Puisque je pense et que je pense Dieu, Dieu existe » ;
Malebranche reproduisant la même thèse : « Si donc
on pense à Dieu, il faut qu'il soit » ; Leibnitz exprimant cette pensée en d'autres termes, prouvant
l'existence de Dieu par sa possibilité, — ont tous fait
un syllogisme irréprochable. Le non-blanc existe,
puisque je le pense, et en effet, c'est tantôt le rouge,
tantôt le bleu, et c'est inévitablement un corps coloré. Le néant existe aussi, puisque je le pense, et
en effet, c'est toujours l'être même. Et Dieu qui est
le synonyme du néant, existe précisément autant
que le néant.

En somme, cette négation n'a une véritable utilité et une véritable application qu'en pure logique. Comme le remarque quelque part un philosophe anglais, M. Sidgwick, je crois, la logique elle-même présente un caractère négatif prononcé, et on la définira peut-être un jour comme la science des concepts négatifs. Dans la science positive, sauf dans certaines parties de la sociologie (sociologie générale et histoire des religions) et de la psychologie tant abstraite que concrète (théorie des fonctions logiques et théorie des illusions et des concepts dits transcendants), on n'a que faire de cette négation universelle, parce qu'elle est trop générale, parce qu'elle est la négation de l'univers, et que nulle science ne s'occupe de l'univers qui constitue l'objet propre de la philosophie. Aussi voyons-nous ce concept y prendre constamment la plus large place. Une philosophie dont le contenu serait entièrement fourni par les sciences spéciales ne saurait évidemment accorder à cette négation qu'un rôle formel et logique. Au contraire, une philosophie qui essaie de devancer les sciences, qui s'adonne à l'étude des choses extrascientifiques, fondées en réalité sur la confusion de tous les préjugés avec toutes les vérités, devra naturellement accueillir avec empressement la grande négation du monde, qu'elle confondra avec son affirmation, avec sa cause première, avec sa destinée finale, avec son essence. Elle donnera à un simple procédé auxiliaire de la pensée un rôle absolument prépondérant ; elle en fera une réalité d'ordre cosmique, quelque chose de positif, un sujet réel de connaissance transcendantale, une antinomie de la raison, un inconnaissable, l'objectif suprême de toute méditation philosophique.

C'est la confusion des notions négatives avec les notions positives qui a fait la fortune des religions et des métaphysiques, de Dieu et de l'inconnaissable. L'histoire des sciences et des doctrines philosophiques confirme dans ses moindres détails cette conclusion qui est en même temps une explication.

VII [1]

•

Dieu distingué du monde comme sa négation — ou, si l'on aime mieux, considéré comme la grande ombre que l'univers projette dans la nuit profonde de notre ignorance — un dilemme surgit encore.

Cette négation peut être une contradiction *in pleno*, sans la moindre restriction, sans le plus petit sous-entendu ; elle est alors, comme nous savons, un pur artifice logique, un simple auxiliaire de la pensée. Dieu possède ici la réalité de toute illusion nécessaire, la vérité du bâton rompu dans l'eau, de l'immobilité de la terre, de l'horizon bornant la vue. C'est un *flatus vocis* qui représente un *flatus mentis*, un effort particulier de la pensée parvenue au faîte de l'abstraction.

Ou bien cette négation est une contradiction qui ne vise pas le *genre*, mais seulement l'*espèce*, qui nie que Dieu appartienne à la même espèce que l'Univers,

[1] De l'aveu unanime des penseurs, le problème de la genèse du concept de l'inconnaissable et de la notion de Dieu est encore entouré d'une grande obscurité. Les pages suivantes qui font saisir un nouvel aspect de la loi de l'identité des contraires, aideront peut-être à la dissiper.

mais qui sous-entend qu'il est du même genre. La
distinction aurait alors, en outre de son office logique,
de son côté artificiel, un côté réel. Dieu possèderait
une autre réalité que celle d'une illusion nécessaire,
il serait autre chose qu'un simple signe mental auxiliaire représenté par un signe verbal. Cette négation
rentrerait dans la catégorie des concepts négatifs qui,
en niant l'espèce, affirment le genre ou la classe,
c'est-à-dire dans la catégorie des idées qui sont des
distinctions réelles, des connaissances de genre ; c'est
ainsi, par exemple, qu'en niant l'espèce blanc, on
affirme le genre couleur.

Il semble, en un mot, qu'il y ait lieu de tirer une
ligne de démarcation entre deux sortes d'idées négatives : celles qui nient une espèce sans la considérer
comme rentrant dans un genre, ou un genre sans le
considérer comme rentrant dans une classe, et celles
qui nient une espèce ou un genre, en les rattachant à
l'unité supérieure qui les contient. Les premières ne
sont pas des distinctions réelles, des oppositions
réelles, je dirais volontiers, des connaissances réelles ;
voilà pourquoi, chaque fois qu'on le veut, on en fait
si facilement sortir l'inconnaissable. Notre esprit
n'opère pas ou n'opère plus sur des degrés ; il est
dans la situation de quelqu'un qui, grimpé sur une
échelle, n'aurait plus d'échelon supérieur où poser le
pied. Ce sont des distinctions factices et verbales qui
ne nient rien, puisqu'elles n'affirment rien, qui sus-
pendent tout jugement, la négation aussi bien que
l'affirmation. Si l'on voulait cependant à toute force
leur faire dire quelque chose, et poser le pied sur un
échelon supérieur absent, le pied retomberait sur
l'échelon qu'il vient de quitter, et les négations ne

signifieraient, ni plus ni moins, que ce qu'elles nient.

Appliquons cette distinction soit à la notion de Dieu, soit à celle de l'inconnaissable. Ici, pas de genre supérieur réel, impossibilité admise par tous les théologiens et tous les métaphysiciens, de concevoir une classe supérieure qui renfermerait ces deux genres : Dieu ou l'inconnaissable et l'univers.

Par conséquent, Dieu séparé ou distingué de l'univers, l'inconnaissable du connaissable, l'absolu du relatif ne sont que des distinctions purement verbales. Et quand, malgré tout, on leur attribue une valeur réelle, on ne tombe pas, à vrai dire, comme le pensent les positivistes et les criticistes, dans l'absurde et le contradictoire, mais on retombe, plus simplement et plus modestement, dans l'univers, dans le monde et l'humanité, ainsi que cela a été surabondamment prouvé par l'histoire des religions et des systèmes métaphysiques.

Insistons encore sur ce point important. Tous les concepts négatifs peuvent être rangés dans deux grandes classes. L'une contiendra les négations qu'il convient d'appeler vraies, car elles n'affirment que l'unité supérieure de ce qu'elles nient : la classe, si la négation sert à distinguer plusieurs genres, le genre, s'il s'agit d'une distinction de plusieurs espèces, enfin l'espèce, si l'on se borne à distinguer plusieurs individus. L'autre contiendra les négations qu'il convient d'appeler fausses, parce qu'elles affirment précisément ce qu'elles nient, sans rien distinguer comme genre, comme espèce, comme individu. Il est à remarquer toutefois que ces dernières négations n'ont jamais à faire à des individus, ni même à des espèces ; c'est aux généralités suprêmes qu'elles s'attaquent directement. On pourrait cependant supposer un cas purement théorique. Soit, par exemple, (étant donné qu'il n'y a au monde que Jean et moi) la négation fausse de Jean, c'est-à-dire la négation qui n'affirmerait par rapport à Jean aucune espèce, aucun genre, aucune classe ; une semblable négation signifierait que ce n'est pas un autre homme quelconque (Pierre par exemple), que ce n'est pas un être vivant (affirmation d'un genre), ni enfin un objet quelconque (affirmation d'une classe). Jean ne serait donc rien ; mais comme rien ne peut être nié, c'est-à-dire senti comme quelque chose, c'est donc, en définitive, de Jean qu'il s'agit, et il est clair que je me suis trompé, que je me suis laissé entraîner à faire une négation fausse.

L'évidence qui permet de saisir l'erreur est toujours plus forte quand il s'agit de faits concrets, et diminue constamment et proportionnellement à mesure qu'on remonte l'échelle abstractive. Voilà pourquoi il ne saurait y avoir de négations fausses du premier degré ; elles peuvent toujours passer pour des négations vraies d'un degré supérieur, pour des distinctions et des connaissances.

Les négations du dernier et suprême degré sont, au contraire, nécessairement fausses. Elles affirment ce qu'elles semblent nier. En les émettant on est donc obligé, tôt ou tard, d'avouer qu'on s'est trompé. On se trouve dans la position de celui qui aurait nié Jean, s'il n'y avait que Jean et lui-même au monde. Toutes les négations de ce degré, où la généralisation s'arrête faute de but à atteindre et de raison suffisante pour chercher à l'atteindre, puisque l'unité de la pensée est déjà un fait accompli, sont des affir-

mations indirectes et malheureusement trop bien
cachées des choses, des événements et des relations
mêmes dont elles semblent vouloir constater l'absence.

Une négation n'est jamais un pur rien. Les contradictoires négatifs, ainsi que le remarque avec raison
M. Spencer, ne sont pas des zéros absolus qu'on peut
employer indifféremment les uns pour les autres.
Toute négation a donc une valeur relative, déterminée par son rapport avec l'affirmation correspondante, et tout concept négatif contient autre chose
que la simple négation du concept positif. Comme
nous venons de le voir, il y a une loi mentale qui
éclaire ce contenu problématique d'une vive lumière
et régit deux cas différents. Dans les négations
vraies, le contradictoire négatif est une abstraction
qui exprime une autre espèce positive du même
genre ; dans les négations fausses, le contradictoire
négatif contient le concept positif tout entier, il ne
peut être que son affirmation pure et simple. De plus,
il y a dans chacune de ces classes deux sortes de
négations ; les unes sont formelles et ouvertement
exprimées, les autres sont plus ou moins bien cachées. C'est à cette dernière catégorie qu'appartiennent, dans la classe des négations fausses, les idées
aprioriques et les concepts dont on a voulu faire des
formes fondamentales de la pensée, l'espace qui est
la négation fausse de la matière, le temps qui est la
négation fausse de la sensation consciente, etc.

D'autre part cependant, Condillac [1] n'a pas com-

---

[1] *Langue des calculs*, livre II, chap. VII. (Ed. posthume, an VII,
p. 68)

.plètement tort en nous prémunissant contre l'erreur qui consiste à prendre la soustraction d'une quantité (— 2) pour une quantité (2) ; il a raison encore de prétendre que c'est ce qu'on a trop souvent fait, et que cette confusion a été la source de nombreux sophismes philosophiques. Mais l'observation de Condillac n'est juste qu'autant qu'elle se rapporte aux négations vraies, aux contradictoires d'un degré inférieur de généralité. Ici *moins* 2 n'est jamais 2, le concept négatif n'est jamais de la même espèce que son contraire positif. Tout autre est le cas des contradictoires négatifs du dernier et suprême degré de généralité. En ce qui les concerne, l'esprit humain n'aurait pas fait fausse route en tombant dans la prétendue erreur signalée par le chef de l'école sensualiste. Malheureusement, c'est précisément à l'égard de cette classe de concepts que le reproche de Condillac n'a jamais été mérité, et que son précepte a toujours été scrupuleusement suivi.

On peut expliquer d'une autre façon encore la distinction importante que nous venons de présenter. On peut dire que l'idée négative est la constatation de l'absence d'une idée positive, le résultat direct de l'absence d'un caractère commun dans les choses. Quand l'esprit ne perçoit pas, dans certains groupes d'images, les caractères qu'il désigne par les termes : conscient, juste, coloré, il y découvre, par contre, de nouveaux caractères communs qu'il exprime par les termes : inconscient, injuste, incolore. Mais ces nouveaux caractères se distinguent des premiers surtout en ce qu'ils sont très généraux, qu'ils indiquent tous les genres excepté celui désigné par la notion positive. L'inconscient — c'est tout, excepté le conscient, l'incolore — tout, excepté le coloré. Ainsi la négation est encore de l'affirmation, le négatif est encore du positif, mais un positif très général sans être nécessairement très abstrait, ce qui veut dire qu'il est très vague ou très indéterminé.

Cette indétermination semble cependant à l'esprit un défaut, et l'esprit essaye de le corriger. Il y arrive chaque fois que cela est possible. A la suite d'une longue série d'associations mentales, l'incolore devient la substance ou la matière incolore, l'inconscient se transforme en certaines idées, en certains faits psychiques. C'est le groupe fondamental et prédominant dans la notion positive qui sert à cette limitation de la notion négative. L'injuste, c'est l'homme ou la loi auxquels manque ce caractère, et jamais la pierre ni l'arbre. C'est dans ce sens, soit dit en passant, que G. H. Lewes avait raison de prétendre que' la conscience et l'inconscience sont des corrélatifs appartenant tous deux à la sphère du sentir (*sentience*) ; cela est vrai de la conscience et de l'inconscience considérées comme des faits purement psychiques ; ici, l'inconscience n'est qu'un degré de la conscience, une négation vraie de celle-ci.

Mais il se présente des cas où l'esprit est empêché de corriger ce défaut de détermination. Cela arrive chaque fois que le groupe positif forme déjà un genre très vaste, sinon universel. La formule : tout excepté cela — qui est la formule des négations vraies — devient alors nécessairement : tout excepté tout, formule des négations fausses, dans laquelle l'indétermination s'allie intimement à la détermination, et l'ensemble qui en résulte est ressenti par l'esprit comme une contradiction dans les termes, comme une absurdité évidente.

Cependant, par suite de l'ignorance des lois du mécanisme mental, ou pour toute autre cause, on peut ne pas remarquer l'illusion, on peut croire que la négation n'est pas fausse, sans toutefois pouvoir indiquer la généralité supérieure impliquée dans toute négation vraie. On crée alors une sorte d'inconnu factice qui se transforme d'autant plus sûrement en inconnaissable, qu'on possède une certitude plus grande qu'il n'y a plus de classe supérieure dans laquelle pourrait rentrer le sujet de la négation.

Cette règle de Spinoza : *Omnis determinatio negatio est,* ne s'applique qu'aux distinctions ou aux négations vraies ; on ne peut distinguer une espèce d'une autre — c'est là le vrai sens du mot déterminer — sans affirmer un genre ou une classe qui les renferme toutes deux. Une détermination vraie est dans ce sens une négation vraie. Connaître les choses, c'est les connaître sous le point de vue de la généralité, ou, plus simplement, connaître, c'est généraliser. Mais la même règle ne saurait être appliquée aux distinctions ou aux négations fausses. Quand on ne peut plus affirmer une généralité supérieure, on ne peut plus distinguer une chose d'une autre, on ne peut plus, par conséquent, nier soit un individu, soit une espèce, soit un genre. La négation n'existe alors que dans les mots ; c'est une illusion verbale. Pressée de près, elle s'évanouit, se dissipe et laisse derrière elle une affirmation. D'où cette autre règle générale : *Omnis indeterminatio affirmatio est.*

Un corollaire assez important de cette vérité consiste à dire que les termes : identique, identité, signifient proprement que l'esprit est incapable de distinguer certains caractères de certains autres, au moyen de caractères intermédiaires plus généraux ou moins généraux. Aussi la formule : connaître, c'est généraliser, ne s'applique-t-elle jamais aux seuls caractères identiques ; elle n'est vraie que des associations formées par des caractères identiques et des caractères dissemblables. Si donc, malgré tout, cette formule est universelle ou à peu près, c'est que les choses et les êtres ne sont jamais des assemblages de pures identités.

Néanmoins, l'esprit peut isoler les caractères communs des choses, les considérer en soi, en faire des idées pures dans le sens le plus strict du mot. Ces idées ne se concevront plus alors, naturellement, avec la complexité ou l'apparat exigé par la connaissance proprement dite : ici, pas d'échelle abstractive, nulle nécessité d'avoir recours à la division en espèces, en genres, en classes. Mais c'est précisément cette simplicité dans la conception, si souvent désignée par les termes vagues et mal définis de connaissance intuitive, *à priori* etc., qui a fait naître l'illusion, fortifiée depuis et propagée par les sophismes de Kant, que ces idées ne se conçoivent pas, qu'elles appartiennent au domaine de l'inconnaissable.

VIII

Dans son livre sur la philosophie de Hamilton, Stuart Mill définit l'Absolu : « un genre comprenant tout ce qui est absolument quelque chose, — tout ce qui possède un attribut dans toute sa plénitude ». « Par conséquent, poursuit-il, si l'on nous dit qu'il y a un être, personne ou chose, qui est l'Absolu, — non pas quelque chose d'absolu, mais l'Absolu lui-même, la proposition n'a de sens que si l'on suppose que cet Être possède dans leur plénitude absolue *tous* les attributs, qu'il est absolument bon et absolument mauvais, absolument sage et absolument stupide, et ainsi de suite. » Et il conclut que « la conception d'un tel être, pour ne pas dire d'un tel Dieu, serait pire qu'un *faisceau de négations*, ce serait un fais-ceau de contradictions. » — « Néanmoins, ajoute-t-il, il s'est rencontré des philosophes qui ont vu que tel doit être le sens de l'Absolu, et qui en ont admis la réalité. Quelle espèce d'Être absolu, dit Hegel, est celui qui ne contient pas en lui-même tout ce qui est réel, y compris même le mal ? » — « Sans doute, répond Mill, et il faut nécessairement admettre, ou qu'il n'y a pas d'Être absolu, ou que la loi en vertu de laquelle deux propositions contradictoires ne peuvent être vraies en même temps, ne s'applique pas à l'Absolu. Hegel choisit cette dernière alterna-tive, et par là, entre autres mérites, il a bien gagné l'honneur dont il jouira probablement dans la posté-rité, d'avoir mis fin logiquement à la métaphysique

10.

transcendantale par une série de *reductiones ad absurdissimum* [1]. »

Je ne veux pas disputer à Hegel le mérite qui lui est si libéralement attribué par Mill, d'avoir mis l'Absolu hors la loi logique. Ce mérite lui appartient incontestablement. Mais Mill qui retient l'absolu sous la domination de cette loi, et qui en même temps soutient qu'elle ne saurait lui être appliquée sans donner naissance à une antinomie irréconciliable, me semble se tromper bien plus gravement encore que le philosophe allemand.

Le lecteur sait déjà que nous ne voyons dans les antinomies que des contradictions apparentes, des illusions passagères de l'esprit, dues principalement à son ignorance des conditions qui président au fonctionnement du mécanisme cérébral. Les antinomies de Kant et la contradiction signalée par Mill confirment en tout point cette conclusion. Aucune loi logique n'est heurtée par la supposition que l'Être absolu est absolument bon et absolument mauvais, et ainsi de suite, et moins que toute autre — la loi de l'inconcevabilité du contraire. C'est même plutôt en vertu de cette loi qu'il nous est impossible d'arriver à un autre résultat. Ce qui choque l'intelligence, ce sont les signes ou symboles verbaux qui paraissent contradictoires, nullement les choses ou les relations symbolisées qui sont identiques.

On a, il est vrai, répondu à Mill qu'il oublie de prouver que, si absolument bon est quelque chose, absolument mauvais est aussi quelque chose, et qu'en définitive, il ne voit pas que ce dernier attribut

---

[1] *La philosophie de Hamilton*, trad. Cazelles, p. 55-56.

n'est qu'une négation absolue, un pur rien. Cette
objection toutefois est puérile et se retourne facilement contre ceux qui la font ; il suffit, en effet, d'admettre que bon est la négation de mauvais, pour
prouver qu'être absolument bon n'est également
qu'une négation absolue qui signifie n'être absolument rien. La vérité est qu'il y a dans l'opposition
du bon et du mauvais un exemple de ce que nous
avons appelé une négation vraie, qui se résout toujours en une identité de genre ou de classe. Le bon
et le mauvais sont deux degrés, deux espèces, deux
variétés d'une seule et même qualité ; c'est comme
le chaud et le froid qui commencent, l'un, au-dessus
de la température marquée par un signe convention-
nel sur le thermomètre, et l'autre au-dessous. Le
bon est appelé le mauvais quand il descend au-dessous d'un certain degré très variable selon les temps
et les lieux, et le mauvais devient le bon quand il
s'élève au-dessus de ce degré. Il est vrai de dire que
nous ne possédons aucun terme convenable, comme
celui de température, par exemple, pour désigner
l'identité ou l'unité supérieure de ces deux contraires ; mais cela vient de ce que les termes en question sont empruntés à la vie pratique qui n'a guère
besoin de généralisation et de synthèse ; et quant à
la science, qui ne saurait s'en passer, la morale
ou l'éthique n'existe notoirement que de nom.

Tout cela n'a pas échappé à Mill ; c'est même précisément la thèse qu'il défend ; considérant le bon et
le mauvais comme deux degrés différents d'une seule
et même qualité, il a pu dire avec raison que deux
choses ne pouvaient occuper le même espace, ni dans
la nature, ni dans le cerveau humain. Mais il a eu

le tort de croire que ce qui est vrai du bon et du mauvais, est vrai également de l'absolument bon et de l'absolument mauvais. Son antinomie repose sur une confusion de l'absolu et du relatif. Le rapport d'égalité entre deux quantités ne change pas, quand on les multiplie toutes deux par une quantité égale ; mais l'attribut bon, même si l'on voulait traiter cette qualité comme une quantité, n'est en aucune façon, que je sache, multiplié par l'attribut absolu, et le rapport qui existe entre le bon et le mauvais peut ne pas être le même que celui qui existe entre l'absolument bon et l'absolument mauvais. En effet, le rapport d'inégalité entre le bon et le mauvais, considérés comme des variétés ou des degrés d'un genre unique, se change nécessairement en un rapport d'égalité parfaite entre l'absolument bon et l'absolument mauvais, qui ne sauraient être envisagés comme des degrés différents d'un genre supérieur, sans perdre aussitôt leur caractère absolu et redevenir des qualités relatives. Cela résulte de la définition de l'absolu donnée par Mill lui-même : un genre contenant tout ce qui possède un attribut dans toute sa plénitude. Il n'est plus question, ici, de degrés, de variétés, d'unité supérieure, et si le relativement mauvais est la négation vraie du relativement bon, l'absolument mauvais ne peut être que la négation fausse de l'absolument bon. Ce n'est plus une affirmation indirecte de l'identité finale de deux choses opposées l'une à l'autre par l'esprit en tant qu'espèces, c'est une affirmation directe de l'identité finale de deux choses que l'esprit n'oppose l'une à l'autre que par une vieille habitude, contractée dans le commerce habituel avec le concret, le particulier, le relatif, et indûment transportée dans le domaine de l'abstrait, du général, de l'absolu.

L'hypothèse d'un genre supérieur embrassant les deux qualités absolues de Mill suffit, je le répète, pour les transformer immédiatement en qualités relatives. On peut dire, en ce sens, que toute idée générale est absolue par rapport aux échelons inférieurs sur lesquels elle s'appuie, et relative par rapport aux idées plus générales dont elle n'est elle-même qu'une espèce ou une variété. Mais les idées les plus générales, telles que l'idée de l'absolu, l'idée du relatif, l'idée de l'univers, celle de Dieu, de l'inconnaissable, du connaissable, l'idée du néant, l'idée de l'existence, ne peuvent rentrer dans une catégorie plus vaste qui les contiendrait toutes, elles ne sont que des signes mentaux servant à exprimer une seule et même chose — l'abstraction dernière à laquelle aboutit l'esprit, le caractère commun le plus universel, l'idée par excellence. Ce ne sont pas des notions dissemblables, encore moins des idées contradictoires, ce sont des termes différents pour la même idée, de véritables synonymes. L'opposition, la contradiction, la négation ne sont à cette hauteur qu'un vain jeu de l'esprit, une contrefaçon extraordinairement habile et à laquelle on se trompe toujours, de ce qui se passe et de ce qui a une raison d'être dans les régions inférieures de la pensée.

Telle est, en particulier, l'opposition habituelle du relatif et de l'absolu. Si l'absolu est l'infini et l'universel, le relatif, considéré comme le contraire ou la négation de l'absolu, est le fini et le non-universel. Mais puisqu'il est impossible de concevoir une caté-

gorie plus universelle que l'universel, le relatif —
non pas quelque chose de relatif, dirai-je comme
Mill, mais le relatif lui-même — ne peut être qu'une
négation fausse de l'absolu, le prototype de cette
sorte d'illusions subtiles de notre esprit. Le relatif
n'est rien, s'il n'est pas l'absolu, et vice-versa. C'est
l'illusion d'une autre généralité suprême, mais en
réalité, c'est la même généralité. C'est une illusion
inévitable — je le veux bien, quoique je prouve, par
l'argument de Diogène de Sinope contre Zénon d'E-
lée, qu'on peut s'y soustraire. D'ailleurs, la science
n'existe que pour rectifier les illusions et suppléer,
par les méthodes indirectes de l'esprit aussi bien que
des sens, aux insuffisances des méthodes directes.
Car l'esprit est sujet à se tromper comme les sens et
plus que les sens, peut-être, quand il se fie à l'introspection, qui n'est qu'une observation directe, seule
responsable jusqu'ici de toutes ces captieuses théories
sur l'absolu et le relatif, l'inconnaissable et les limites de la connaissance, la causalité, les antinomies.
L'observation indirecte, soit biologique, soit sociologique, la vraie méthode de la science, n'a pas encore
été sérieusement appliquée à l'étude de ces questions.
D'autre part, si le plus grand physicien est condamné
à éternellement voir un bâton rompu dans l'eau,
rien de plus naturel que le plus grand philosophe
aperçoive toujours l'absolu et le relatif, l'infini et le
fini, l'objet et le sujet, l'inconnaissable et le connaissable. Mais il devra corriger ces illusions dans la
théorie, et cette correction théorique comportera des
résultats pratiques. Nous en sommes là présentement
en morale, par exemple, aussi bien qu'en calorimé-
trie ou en mathématiques. Le mal moral n'est pas

pour nous d'une autre essence que le bien, ni le
chaud que le froid, ni le petit que le grand. N'oublions pas cependant que tous ces cas se rapportent
à des négations vraies, à des affirmations de classes
supérieures [1].

Quant au relatif et à l'absolu dans l'acception philosophique de ces termes, ils ne sont incontestablement chacun que la négation fausse de l'autre, son
affirmation cachée et peu à peu détournée de son
sens primitif. Mais ces oppositions factices ont une
genèse qu'il faut chercher dans l'ignorance de nos
ancêtres en matière psychologique, se traduisant
d'abord par une hésitation à reconnaître la vérité,
et ensuite par la transformation progressive du
doute en négation. En l'état actuel de la science
psychologique, et malgré ses nombreuses imperfec-
tions, cette double négation se résout déjà facilement

---

[1] Ici se place d'elle-même une courte observation sur un des
nombreux sens qu'on donne au terme « relatif ». On entend par là
qu'on est sur le terrain des négations vraies, qu'il y a encore des
généralités supérieures, et c'est celles-ci alors qu'on veut affirmer à
l'aide de cette négation de l'absolu. Dans cette acception, l'absolu ne
peut vouloir désigner qu'un simple genre, d'un rang égal au genre
représenté par le relatif, et rentrant avec lui dans une classe supérieure ; c'est ainsi que « bonté relative » et « bonté absolue » pour-
raient former ensemble la classe « moralité ». Mais c'est là, évidemment, un emploi abusif de ces termes. En définitive, la récognition
de deux espèces dans un genre équivaut à la récognition d'une
communauté d'attributs — on voit alors l'aspect *genre*, et d'une
diversité d'attributs — on voit alors l'aspect *espèce*. Ici trois cas se
présentent. On aperçoit simultanément les deux aspects, la communauté et la diversité, le genre et l'espèce ; ou bien on n'aperçoit pas
la communauté — on ne distingue pas le genre ; ou bien enfin on
n'aperçoit pas la diversité — on ne distingue pas l'espèce. Tous ces
cas sont fréquents, et leur confusion conduit à des erreurs nombreuses, aux pièges multiples qu'on rencontre à chaque pas sur le
passage du concret à l'abstrait.

en une double affirmation. Chaque fois qu'on prend pour point de départ, pour donnée première le plus abstrait, le plus général, c'est-à-dire l'infini ou l'absolu, le relatif apparaît comme sa négation fausse, comme sa simple affirmation ; de même qu'en partant du plus concret, du plus particulier, c'est-à-dire du fini et du relatif, c'est l'absolu qui se présente comme une fausse négation. Il ne peut en être autrement, étant donnée l'identité manifeste et purement psychophysique de l'idée et de la sensation, qui sont les deux éléments du processus mental.

CONCLUSION

I

C'est par les points les plus essentiels des conceptions modernes que le passé philosophique de l'humanité a prise sur nous, et c'est, au contraire, par ses doctrines les moins importantes, par des vues d'une valeur secondaire que notre philosophie actuelle se distingue des anciens systèmes. Rien de plus naturel, d'ailleurs, que ce résultat, si l'on se place au point de vue évolutif, ou dynamique, comme aurait dit Comte. Toute dissolution commence en effet par les points qui offrent la moindre résistance ; l'essentiel est ce qui cède, ce qui disparaît en dernier lieu.

Un trait surtout rend frappante la ressemblance du présent philosophique avec son passé. L'ancienne conception de la philosophie n'a pas été modifiée. La philosophie continue à être considérée comme la source vive qui alimente les sciences, qui leur fournit des hypothèses directrices et des aperçus d'ensemble.

Le positivisme lui-même n'a guère changé que la définition verbale de la philosophie. Il a été malheu-

reusement un des premiers à trahir l'esprit de la
nouvelle formule, puisque dans les parties les plus
importantes de sa conception du monde, dans son
relativisme, dans sa théorie de l'inconnaissable, dans
ses vues sur l'évolution philosophique et scientifique,
il emploie encore l'hypothèse, il en fait un usage
presque aussi fréquent que les doctrines rivales, il
fonde, en un mot, sa psychologie concrète et sa sociologie sur la philosophie, au lieu de fonder celle-ci,
comme il avait d'abord fièrement déclaré vouloir le
faire, sur l'ensemble des sciences spéciales. Je sais
bien que le positivisme possède une excellente excuse ; il peut dire que la psychologie et la sociologie
n'existant pas comme sciences, il était évidemment
impossible, évidemment prématuré de chercher à en
faire la base de la philosophie. Mais ai-je besoin
d'ajouter que cette impossibilité et cette prématurité
sont également l'excuse de toute métaphysique ? Il
est même intéressant de remarquer, à ce propos, que
c'est précisément quand on veut fonder telle ou telle
doctrine particulière, telle ou telle partie de la science
sur la philosophie, que celle-ci, par un soudain et
juste retour, se trouve être presque entièrement
basée sur la branche spéciale du savoir qu'on voulait
y rattacher.

Un autre écueil est à craindre, cette fois dans la
direction opposée. Il ne suffit pas, en effet, de ren-
verser simplement la méthode, en faisant porter le
poids entier de l'édifice de la philosophie sur telle ou
telle science particulière. Ce procédé, inverse du
précédent, amènerait infailliblement des résultats
identiques. C'est l'écueil contre lequel est venu
échouer la réforme de la philosophie tentée par Kant.

On a dit souvent, on répète encore aujourd'hui que
Kant a révolutionné les anciennes méthodes de la
pensée par un trait de génie. Il a changé l'ancien
ordre des questions ; ce n'est plus, comme autrefois,
la morale qui s'appuie sur la métaphysique et la
théologie, c'est, au contraire, la métaphysique et la
théologie qui s'appuient sur la morale. Mais l'efficacité illusoire de cette transposition s'est suffisamment
révélée par les fruits étranges qu'elle n'a pas tardé à
porter. Selon Kant, l'existence de Dieu devient un
moyen de nous figurer le triomphe de la moralité
dans le monde ; nous ne savons plus si Dieu est, mais
nous voulons que Dieu soit, ou que tout se passe
comme si Dieu était [1].

Kant a faussement cru que les antinomies de la
raison étaient fatales, indestructibles. Ces contradictions continuèrent donc à subsister dans son système,
atténuées par des faux-fuyants pratiques. Mais s'il
était absurde au premier chef, de vouloir fonder la
morale sur la philosophie, il était presque aussi illo-
gique de vouloir fonder la philosophie sur la *seule*
morale, c'est-à-dire sur un simple chapitre de la sociologie. Dans ces conditions, Kant n'a pu que renou-
veler les anciennes erreurs, et sa théodicée morale a
dû rejoindre la théodicée mécanique des matérialistes,
la théodicée biologique des sensualistes, et la théodicée psychologique des idéalistes.

[1] *Raison pratique.*

II

Une autre question traitée dans cette étude, sou-
lèvera de fortes objections. La théorie des contraires
n'est pas de nature à être facilement acceptée par la
plupart des esprits, habitués depuis longtemps à une
doctrine diamétralement opposée, et surtout à une
méthode d'investigation essentiellement différente.
Cette méthode, qui n'a rien de scientifique, est l'introspection vulgaire ou directe, qu'il faut soigneusement distinguer de l'introspection indirecte. La première se suffit à elle-même, se passe de tout moyen
de contrôle emprunté aux autres sciences, et ne
s'adresse guère qu'à la logique pure ; la seconde est
une vérification complémentaire ajoutée à toutes les
méthodes indirectes dont disposent la psychophysique, la sociologie et leur combinaison scientifique
concrète — la psychologie proprement dite.

La théorie des contraires, condamnée par l'introspection vulgaire, rejetée par la logique abstraite, par
le mécanisme syllogistique fonctionnant à vide, est
due entièrement à l'emploi des méthodes indirectes
de la psychologie et de la sociologie. Disons donc ici
quelques mots de chacune de ses deux sources.

La loi de l'identité des contraires s'appuie sur une
conception mécanique du rapport entre l'idée et la
sensation, et entre celle-ci et ses éléments consti-
tutifs, les vibrations nerveuses. Cette loi ne prétend,
par son aspect psychologique, qu'à représenter la
grande vérité que rien ne se crée et rien ne se perd

dans la somme totale des choses. Elle exprime d'une autre manière l'ancienne conviction de tant de philosophes que puisque je pense quelque chose, cette chose existe. Il reste à déterminer les conditions de l'existence purement abstraite. La théorie des contraires qui est une théorie générale des concepts négatifs, satisfait à cette exigence en reconnaissant que toute idée négative est encore et toujours une sensation et un mouvement.

Les négations sont des existences réelles, objectives, réductibles à des images d'abord, à des sensations ensuite ; mais les concepts négatifs ne sont tout cela que parce qu'ils sont leurs propres contraires, placés dans certaines conditions objectives et subjectives éminemment modifiables. De même que la sensation spécifique de couleur est tantôt la sensation de blanc, par exemple, tantôt sa négation, de même la somme entière de toutes nos sensations, de toutes nos idées et de toutes nos connaissances est tantôt l'univers, le relatif, le connaissable, tantôt leur négation directe : Dieu, l'absolu, l'infini, l'inconnaissable ; c'est toujours le même carbone, qu'il soit distingué par nous comme charbon, graphite ou diamant. Nous ne connaissons pas encore les lois moléculaires qui président à la différenciation physique et chimique des corps isomères, mais cela ne nous empêche pas de constater l'isomérie elle-même ; nous ne connaissons pas les lois psychophysiques qui président à la différenciation psychologique de ce qu'on pourrait appeler aussi des concepts isomères ; mais cela ne doit pas nous empêcher non plus de constater leur isomérie.

Il est toujours utile de s'appuyer sur l'autorité

11.

d'illustres devanciers. On voudra donc bien nous pardonner si, avec une entière bonne foi, nous faisons dire dans ce livre, à certains philosophes, peut-être plus qu'ils n'ont pensé en réalité; mais nous croyons sincèrement qu'à travers une terminologie compliquée et contradictoire, il se dégage, de maints endroits de leurs écrits, une vue qui n'est pas pour décourager notre thèse.

Ainsi, pour nous borner à ce dernier exemple, le plus grand des métaphysiciens de notre époque, Kant, semble avoir déjà compris que tous nos concepts, si on les considère comme des hypothèses, sont vérifiables expérimentalement, que tous se réduisent aux éléments de la perception sensorielle, avec cette importante distinction toutefois, que les uns sont composés de sensations éveillées en nous par des agrégats qui se rencontrent tels quels dans le milieu ambiant, et les autres sont composés d'éléments sensoriels qui, sauf les cas pathologiques, ne sont pas associés aux représentations d'agrégats naturels. Nous avons conséquemment, dans une série de cas, une affirmation ou une vérification, et dans l'autre, une négation ou une non-vérification. Il s'ensuit encore que les concepts positifs diffèrent des négatifs essentiellement en ce que dans ces derniers, la réunion des éléments sensoriels est fictive, imaginaire, car ces éléments font toujours partie de groupes ou d'agrégats concrets hétérogènes. C'est un assemblage qui diffère de l'assemblage réel comme le rêve de l'état de veille. Femme, poisson, cheval, univers, courage, nécessité sont des abstractions du premier genre, des concepts vérifiables et positifs; sirène, centaure, Dieu, éternité, transcendance sont des concepts du second genre, des idées négatives.

En somme, les concepts négatifs peuvent, croyons-nous, être ramenés au jeu des phénomènes cérébraux conscients et inconscients se déroulant autour de ce point idéal — et si réel en même temps — que la psychologie moderne étudie sous le nom de « seuil de la conscience ». Ce fonctionnement encore peu connu engendre un état de conscience particulier, auquel correspond l'idée du néant et de ses dérivés : la négation simple, la fiction pure et la contradiction en soi. Mais le néant avec toutes ses nuances est encore quelque chose, et quelque chose de très important dans l'ordre idéologique ; c'est une idée, un caractère commun des phénomènes, venant de la même source et par le même canal que toutes nos autres idées et que tous nos autres états de conscience.

L'idée du néant est du même ordre que celle de l'inconnaissable. C'est une idée-émotion dans laquelle l'élément émotif prédomine. Les sciences du monde inorganique ont compris la véritable nature de cette idée, comme la science de l'esprit comprendra, à son tour, la véritable nature de l'idée de l'inconnaissable. Mais la genèse de ces deux idées appartient également à la psychologie exacte. Le néant est le caractère commun des sensations faiblissantes saisi par l'esprit au moment même où se produit cet affaiblissement. Il arrive un instant où la sensation n'existe plus, à vrai dire, mais où elle laisse encore la trace, le souvenir de son existence, la marque générale qu'elle a été. C'est là le germe cérébral de l'idée du néant. Accompagné de la forte émotion correspondante, et grâce à cette émotion, ce germe s'accentue, forme un point de plus en plus distinct dans la conscience, de-

vient lui-même un état de conscience qui possède
des degrés et présente des variétés, dont les principales ont été finement indiquées par Kant dans son
célèbre tableau des divisions de l'idée du « rien »,
parallèle à celui des divisions du concept de « quelque
chose [1] ».

Passons à la seconde source de la théorie des contraires. L'appui que toutes les branches de la sociologie, et surtout l'histoire et la critique des religions
prêtent à notre manière de voir, est considérable et
nous semble décisif. La confrontation de la matière

---

[1] Rappelons ici ce tableau, et donnons à côté les distinctions qui,
à notre avis, doivent remplacer aujourd'hui celles de Kant :

| | Néant | Dans notre théorie |
| Chez Kant | comme | |

I.

| Concept vide sans objet; ens rationis. | Caractère commun des sensations et des idées évanescentes; idée du rien. |

II.

| Objet vide de concept; nihil privativum. | Caractère commun des constatations conscientes de l'absence d'une sen- sation ou d'une idée déterminée ou donnée; idée de négation. |

III.

| Intuition vide sans objet; ens imaginarium. | Caractère commun des constatations conscientes de l'absence des élé- ments réducteurs et vérificateurs d'une abstraction; fiction pure. |

IV.

| Objet vide sans concept; nihil negativum. | Caractère commun des trois varié- tés précédentes; voilà pourquoi une contradiction en soi apparaît comme une fiction, une négation et un rien à la fois. |

historique des religions et des systèmes métaphysiques avec la matière psychologique des concepts
étudiés dans ce livre, ne laisse nulle place au doute :
c'est bien l'univers et ses différents aspects généraux
qui, vainement distingués d'eux-mêmes au moyen
de négations voilées par des termes positifs, ont été
mille fois affirmés par toutes les croyances, par
toutes les conceptions d'ensemble.

L'identité des contraires, qu'elle soit indirecte,
comme celle à laquelle on arrive par les procédés de
la généralisation et qui produit les distinctions et les
négations vraies, ou directe, comme celle à laquelle
on arrive par l'intuition et qui produit les distinctions
et les négations impossibles et fausses, trouve dans
l'analyse sociologique une confirmation éclatante.
L'induction sociologique vient corroborer l'induction
psychophysique. Une bonne classification et une description exacte des entités métaphysiques et théologiques, et la réduction successive des concepts les
plus abstraits du panthéisme et du théisme aux
concepts de moins en moins abstraits du monothéisme, du polythéisme et du fétichisme, nous font
atteindre, dans l'ordre de l'évolution sociologique,
l'âge précis de l'humanité où, selon une expression
d'Auguste Comte, les idées religieuses étaient tellement adhérentes aux sensations elles-mêmes, qu'il
était presque impossible d'en faire abstraction. Une
expérience de laboratoire, une analyse psychophysio-
logique vérifiée dans tous ses détails ne saurait, en
vérité, aboutir à un résultat plus net et plus con-
cluant. Si donc on persistait, comme on en a certainement le droit, à ne voir dans notre théorie qu'une
simple hypothèse, il faudrait au moins lui accorder

qu'elle a déjà reçu un commencement de preuve.

La thèse que nous défendons n'est d'ailleurs pas aussi isolée qu'elle doit nécessairement le paraître dans un ouvrage de ce genre. Elle a une liaison intime avec d'autres théories qui la soutiennent et qui sont, à leur tour, soutenues par elle. Telle est, en premier lieu, une théorie de la causalité que nous avons délibérément écartée du cadre de ce livre, quoiqu'elle explique très bien, selon nous, le lien causal comme un cas combiné du principe d'identité et de la loi des contraires, combinaison dans laquelle les concepts de commencement absolu et de fin absolue sont considérés comme de véritables synonymes du concept de non-être. Telles sont encore des vues plus ou moins élaborées sur les « infinis » ou les « protoconcepts », sur l'antithèse du sujet et de l'objet, du noumène et du phénomène, sur les limites psychophysiques de la connaissance, sur la certitude et ses degrés, sur l'extériorité de la conscience, la genèse et la morphologie de certaines illusions, le passage du concret à l'abstrait, etc. Pour des raisons faciles à comprendre, nous avons dû nous refuser à traiter ici ces questions, malgré l'utilité que nous eussions pu en retirer pour la défense de notre thèse principale. Ces questions sont en effet trop compliquées et ne se prêtent pas aisément à une discussion sommaire ; nous nous sommes décidé, par conséquent, à en faire l'objet d'un travail spécial et bien plus étendu que cette étude qui devait éviter avant tout de se perdre dans les détails. Ce petit livre n'est, dans notre pensée, qu'un simple engagement d'avant-garde qui peut avoir son importance, mais qui, en somme, ne fait que précéder et préparer la bataille en règle. En tout cas, le terrain sur lequel celle-ci devra être livrée, aura été indiqué avec une certaine précision.

Le problème de l'inconnaissable n'est que l'aspect métaphysique du problème des limites de la connaissance, qui a sa place marquée dans la science. Confondre les deux aspects est une erreur qui sera jugée un jour impardonnable. On se convaincra alors que la connaissance, comme la sensibilité organique qui est son fondement, a des frontières qui, loin d'être fixes et immuables, ne font que séparer temporairement le connu de l'inconnu ; on comprendra que situer ces bornes entre le connaissable et l'inconnaissable, c'est les exclure de l'évolution générale des êtres et des choses, et c'est retomber dans l'arbitraire religieux ou métaphysique ; on verra enfin que la limitation du savoir qui est une idée négative, joue à l'égard de la connaissance qui est une idée positive, le rôle exact que l'inertie mécanique joue à l'égard du mouvement. De même qu'on a vu que l'inertie mécanique comportait deux définitions : la résistance au mouvement et la résistance à l'arrêt du mouvement, on comprendra que la limitation du savoir, cette inertie de la connaissance, peut également être définie de deux façons différentes : la résistance au mouvement scientifique, c'est la définition qui devrait être adoptée par les théoriciens modernes de la connaissance, et la résistance à l'arrêt du mouvement scientifique, c'est la définition que nous adoptons pour notre part.

FIN.

TABLE DES MATIÈRES

———

VERSAILLES, IMPRIMERIE CERF ET FILS, RUE DUPLESSIS, 59.

www.ingramcontent.com/pod-product-compliance
Lightning Source LLC
Chambersburg PA
CBHW070400090426
42733CB00009B/1481